新时代中国石化青年品格特质

忠诚　实干　创新　担当
奋斗　活力　勤奋　自律

在青年精神素养提升工程推进过程中，广大石化青年聚焦"同先辈比，我们身上少了什么""同先辈比，我们身上多了什么""同习近平总书记对新时代中国青年的期望和时代与企业发展要求比，我们还需要充实什么"三个问题深入开展大讨论，同时对新时代中国石化青年品格特质进行研讨。在此基础上，集团公司团委面向全系统35周岁及以下青年开展思想动态调研，参与调研的11.47万青年（占全系统青年总数的88.35%）普遍认为，"忠诚、实干、创新、担当、奋斗、活力、勤奋、自律"是新时代中国石化青年品格特质。

牢记嘱托 砥砺奋进

中国石化青年精神素养提升工程成果集

共青团中国石油化工集团有限公司委员会 ◎ 编

图书在版编目（CIP）数据

牢记嘱托　砥砺奋进：中国石化青年精神素养提升工程成果集／共青团中国石油化工集团有限公司委员会编．--北京：中国经济出版社：中国石化出版社，2023.5

ISBN 978-7-5136-7292-4

Ⅰ.①牢… Ⅱ.①共… Ⅲ.①中国共产主义青年团-电力工业-工业企业-青团工作-成果-中国 Ⅳ.①D297.1

中国国家版本馆 CIP 数据核字（2023）第 072531 号

策划编辑	海　毅
责任编辑	孙晓霞
责任印制	马小宾
封面设计	任燕飞设计工作室

出版发行	中国经济出版社
印 刷 者	北京富泰印刷有限责任公司
经 销 者	各地新华书店
开　　本	710mm×1000mm　1/16
印　　张	20.25
字　　数	210 千字
版　　次	2023 年 5 月第 1 版
印　　次	2023 年 5 月第 1 次
定　　价	56.00 元

广告经营许可证　京西工商广字第 8179 号

中国经济出版社 网址 www.economyph.com 社址 北京市东城区安定门外大街 58 号 邮编 100011
本版图书如存在印装质量问题，请与本社销售中心联系调换（联系电话：010-57512564）

版权所有　盗版必究（举报电话：010-57512600）
国家版权局反盗版举报中心（举报电话：12390）　　服务热线：010-57512564

前言

党的十八大以来，习近平总书记站在党的事业后继有人、革命薪火代代相传的战略高度，对青年一代继承弘扬党的光荣传统和优良作风，为党和人民伟大事业接续奋斗发表了一系列重要讲话，多次勉励青年"不断增强做中国人的志气、骨气、底气"，充分体现了人民领袖对祖国未来一代精神素养培养的高度重视和殷切期盼。

2022年5月20日，国资委党委在中央企业全面启动部署青年精神素养提升工程。5月31日，集团公司党组召开专题会议，启动了中国石化青年精神素养提升工程，集团公司党组书记、董事长马永生为广大石化青年讲授精神素养提升第一课，时任集团公司党组副书记赵东代表党组对中国石化青年精神素养提升工程进行动员部署，国资委党建工作局局长、中央企业团工委书记姚焕出席会议，对中国石化高质量开展青年精神素养提升工程提出希望要求。

工程启动后，集团公司各级党组织闻令而动、认真谋划、周密部署，把青年精神素养提升工程作为党建带团建的重要载体，带领各级团青组织推动工程不断深入，引领广大石化青年不断增强做中国人的志气、骨气、底气，在全方位、高标准锻造中进一步焕发昂扬向上的时代风貌。

强化理论武装　深刻淬炼思想

一年来，各级党组织、团青组织以党的二十大精神为统领，坚持强化青年政治引领，把习近平总书记视察胜利油田重要指示精神和习近平总书记在建团百年庆祝大会上重要讲话精神作为首要篇章，贯穿青年精神素养提升工程全过程，引导广大石化青年深刻领会"再立新功、再创佳绩"的殷切期望，扛稳扛牢"旗帜、栋梁"的时代使命。

工程实施以来，各级党组织书记讲授主题团课16597场次，各级团青组织广泛运用"云课堂"、线上"学习会"等载体，用"青言青语"让青年从"小逻辑""小故事"中感悟政治"大逻辑"、人生"大道理"，基层团支部开展青年精神素养提升主题团日9129场次，广大石化青年听党话、跟党走的思想自觉和行动自觉进一步增强。

传承石油精神　弘扬石化传统

一年来，各级党组织深入学习贯彻习近平总书记关于传承石油精神的重要指示批示精神，将传承石油精神、弘扬石化传统作为加强青年传统教育的重中之重，纳入青年英才"朝阳工程""青马工程"、青工政治轮训等各类团员青年培训和各级团干部培训，各级团青组织邀请企业先辈讲授石油石化优良传统专题课程10840余场次，全面推动石油精神、石化传统在石化青年中入脑入心、见行见效。

深入对标反思　全面改进提升

一年来，各级党组织、团青组织动员青年聚焦"同先辈比，我们身上少了什么""同先辈比，我们身上多了什么""同习近平总书记对新时代中国青年的期望和时代与企业发展要求比，我们还需要充实什么"三个问题深入开展大讨论9790余场次，召开专题组织生活会3640余场次，实现35周岁以下青年全覆盖。

广大石化青年坚持刀刃向内、勇于自我革命，从参加青年精神素养提升工程开始就注重对标对表、查摆自身不足，在与先辈思想"连线"中触及灵魂、找到差距，通过"自画像"式地深刻剖析反思，着重把查摆出的思想认识、业务能力、履职尽责、作风形象方面的问题分析透、整改好，既"向自己宣战"又"挂图作战"，在持续整改提升中进一步树牢矢志永久奋斗、接续奋斗的精神追求。

立足岗位建功 取得显著成效

一年来，广大石化青年在青年精神素养提升工程中认真学习思考，主动实践锻炼，通过"四个看一看"检验取得成效。

通过参加青年精神素养提升工程，广大石化青年进一步树牢理想信念、对党绝对忠诚、坚决做到"两个维护"，思想认识有了新提升。一年来，全系统共有2837名青年发展入党。参与公司2023年思想动态调研的青年中信仰共产主义的青年占比85.71%，占比较往年增长14.13%。

通过参加青年精神素养提升工程，广大石化青年更加重学习、强实践、勇创新，业务能力有了新提高。以中国青年五四奖章获得者、胜利油田物探院总工程师秦宁和中国青年五四奖章获奖集体、胜利石油工程公司黄河钻井70183SL钻井队为代表的石化青年和青年集体表示，通过参加青年精神素养提升工程，学习内驱力进一步增强，愿学爱学、渴望进步的意愿更加强烈，"努力成为本职工作的行家里手"已成为石化青年的共同追求。

通过参加青年精神素养提升工程，广大石化青年更加尽职责、敢担当、有作为，岗位建功有了新贡献。13万石化青年、3700余个青年文明号、2500余名青年岗位能手、2900余个青年安全生产示范岗、4000余支青年突击队积极投身公司生产经营、科技创新、安全生产等各项工作，为2022年公司实现营业收入、利润总额、净利润均创历史最好水平，贡献了青春力量。

通过参加青年精神素养提升工程，广大石化青年更加守规矩、讲团结、严细实，作风形象有了新改进。广大石化青年通过聆听企业先辈讲授先辈创业史、石化发展史，对石油精神石化传统内涵的理解更加深刻、传承更加有力。8.7万名石化青年志愿者通过参加各类志愿服务活动，社会主义核心价值观进一步弘扬。通过反复深入研讨、广泛征求意见，"忠诚、实干、创新、担当、奋斗、活力、勤奋、自律"已成为"新时代中国石化青年品格特质"。

习近平总书记在党的二十大报告中指出，"广大青年要坚定不移听党话、跟党走，怀抱梦想又脚踏实地，敢想敢为又善作善成，立志做有理想、敢担当、能吃苦、肯奋斗的新时代好青年。"

新征程中，我们将继续高举习近平新时代中国特色社会主义思想伟大旗帜，不断将青年精神素养提升工程引向深入，引导广大石化青年更加自觉地用党的创新理论武装头脑，全面涵养"新时代中国石化青年品格特质"，全面激发岗位建功的信心干劲，为加快打造具有强大战略支撑力、强大民生保障力、强大精神感召力的中国石化注入更加强大的青春力量。

目录

第一篇　党建引领篇

004 —— 中国石化党组书记、董事长马永生在中国石化党组学习贯彻习近平总书记在庆祝中国共产主义青年团成立100周年大会上重要讲话精神座谈会暨青年精神素养提升工程部署会上的讲话

012 —— 时任中国石化党组副书记赵东在中国石化党组学习贯彻习近平总书记在庆祝中国共产主义青年团成立100周年大会上重要讲话精神座谈会暨青年精神素养提升工程部署会上的讲话

017 —— 国资委党建工作局局长、中央企业团工委书记姚焕在中国石化党组学习贯彻习近平总书记在庆祝中国共产主义青年团成立100周年大会上重要讲话精神座谈会暨青年精神素养提升工程部署会上的讲话

党组织书记讲团课

022 — 坚定理想信念　堪当时代重任
做忠诚干净担当的纪检监察干部
——纪检监察组党总支书记在青年精神素养提升主题团课上的授课材料

030 — 牢记殷切嘱托　提升精神素养
在推动油田高质量发展中书写绚丽的青春篇章
——胜利油田党委书记在青年精神素养提升主题团课上的授课材料

037 — 凝聚团结奋斗青春力量　奏响"我在镇海基地写青春，为职业生涯加分"最强音
——镇海炼化党委书记在青年精神素养提升主题团课上的授课材料

043 — 听党话跟党走　争做奋进青年　在高质量发展新征程中谱写青春华章
——广东石油党委书记在青年精神素养提升主题团课上的授课材料

049 — 百年奋进路　青春正当时
——北京化工研究院党委书记在青年精神素养提升主题团课上的授课材料

传承石油精神、弘扬石化传统讲稿

054 — 传承光荣传统　提升精神素养
——化工销售公司原党委书记在中国石化青年精神素养提升第二课上的授课材料

062 — 石油战线始终是共和国改革发展的一面旗帜
要继续举好这面旗帜
——中国石化原思想政治工作部副主任、直属党委副书记在中国石化驻沪企业青年精神素养提升主题团课上的授课材料

070 — 以青春之我 谱写中国式现代化石化新篇章
——巴陵石化专家在巴陵石化先辈创业史、石化发展史专题课程上的授课材料

076 — 继承优良传统 赓续石化之歌
——浙江石油专家在浙江石油先辈创业史、石化发展史专题课程上的授课材料

第二篇　过程推动篇

088 — 中国石化党建工作领导小组关于印发《中国石化青年精神素养提升工程实施方案》的通知

096 — 中国石化团委《关于开展"喜迎二十大、永远跟党走、奋进新征程"主题教育实践活动的通知》

104 — 中国石化团委《关于开好专题组织生活会的通知》

110 — 中国石化团委书记在中国石化青年精神素养提升工程推进会上的讲话

116 — 中国石化团委在中央企业共青团工作座谈会上的经验交流材料

120 —— 中国石化团委向党组报送的《关于集团公司青年精神素养提升工程进展情况的报告》

127 —— 牢记总书记嘱托 提升青年精神素养
持续激发石化青年奋进力量
——《中央企业青年工作简报》刊发中国石化青年精神素养提升工程经验做法文章

132 —— 提升青年精神素养 助力青春建功
——《中国青年报》刊发中国石化青年精神素养提升工程成果成效专题报道文章

第三篇 经验做法篇

经验交流材料

140 —— 坚持铸魂育人 点亮信仰之灯
在建成千万吨大型油气田新征程中书写青春华章
——江汉油田经验交流材料

144 —— 精神补钙 信仰筑基
为公司安全绿色高质量发展注入"青"动力
——燕山石化经验交流材料

149 —— 扎牢思想根基 凝聚奋进力量
持续推进青年精神素养提升工程走深走实
——物装（国事）公司经验交流材料

学习教育活动

153 "有声有色"创新活动形式　"有行有效"抓实学习教育
　　——科技部开展学习教育活动经验做法

156 坚持"三高"统筹推进　打造"四学"走深走实
　　——安庆石化开展学习教育活动经验做法

159 赋能促成长　蓄势再出发
筑牢高质量发展的青年之基
　　——云南石油开展学习教育活动经验做法

"三个问题"大讨论

163 以"四强四促"促进青年精神素养提升
　　——综合管理部开展"三个问题"大讨论经验做法

166 多措并举　固化成效　扎实推进对标讨论工作
　　——工程建设公司开展"三个问题"大讨论经验做法

169 聚焦"三个问题"　抓实对标讨论促进青年精神素养
和能力素质双提升
　　——润滑油公司开展"三个问题"大讨论经验做法

专题组织生活会

173 把握"五个维度"　突出"五有质量"
　　——江汉石油工程公司开展专题组织生活会经验做法

178 抓好"三个关键"　确保专题组织生活会高质高效
　　——广州石化开展专题组织生活会经验做法

182 — 巧用四则运算　高质量开好专题组织生活会
　　　——北京石油开展专题组织生活会经验做法

推优入党

185 — 积分制工作法提高"推优入党"质量
　　　——江苏油田开展"推优入党"工作经验做法

189 — "四步走"助力团组织推优入党
　　　——第五建设公司开展"推优入党"工作经验做法

193 — 建"1234"体系　创"推优入党"品牌
　　　——中安联合开展"推优入党"工作经验做法

师带徒

197 — 导师带徒夯基础　铺就青年成长路
　　　——齐鲁石化开展"师带徒"工作经验做法

201 — 以"师带徒"薪火相传　激活青年人才接续成长的"源头活水"
　　　——燃料油公司开展"师带徒"工作经验做法

205 — 抓"三强"　提素质　"师带徒"激活公司发展"青"动力
　　　——胜利石油工程开展"师带徒"工作经验做法

第四篇　认识体会篇

212 — 端牢能源饭碗　勇当青春使者
　　　——全国青年岗位能手、华东石油局包凯认识体会

215 — 告别"佛系、躺平"思想　做无愧于时代的石化好青年
　　——全国青年岗位能手、九江石化王旭强认识体会

219 — 坚定信念不负韶华　为中国石化天然气高质量大发展贡献力量
　　——中国石化十大杰出青年岗位能手、天然气分公司席海宏认识体会

222 — 青春正当时　青年需前行
　　——中国石化十大杰出青年岗位能手、江西石油舒艳认识体会

225 — 精神素养提升　科学素养提升的不竭动力
　　——中国石化青年科技精英赛优胜选手、石科院王辉认识体会

228 — 补足精神之"钙"　矢志科技报国
　　——中国石化青年科技精英赛优胜选手、石勘院钱恪然认识体会

231 — 以青春之我　建设青春之石化
　　——中国石化青年科技精英赛优胜选手、上海院刘畅认识体会

234 — 征程万里阔　奋斗正当时
　　——全国"青马"班国企班学员、石化机械公司孙野认识体会

237 — 心中有信仰　行动有力量让奋斗成为青年的"时代标签"
　　——中国石化"青马工程"培训示范班优秀学员、新疆石油杨林峰认识体会

240 — 为助力乡村振兴注入石化青春力量
　　——基层一线优秀青年代表、华北石油局李晔舟认识体会

244 — 青春奋进向一线　淬炼成才立新功
　　——基层一线优秀青年代表、国勘公司张田嵩认识体会

247 — 思想淬炼提素养　青春奋斗正当时
　　——基层一线优秀青年代表、吉林石油陈瑶认识体会

250 — 提升精神素养　焕发奋进力量
　　——基层一线优秀青年代表、石化出版公司魏金海认识体会

第五篇　岗位建功篇

青年文明号

256 — 筑牢信仰之基　共创建功实效
　　——金陵石化开展青年文明号创建工作成效

260 — "三项融合"立足岗位建功　"三个路径"提升精神素养
　　——上海石油开展青年文明号创建工作成效

青年岗位能手

264 — "青年啄木鸟"踊跃投身生产实践
　　——扬子石化开展青年岗位能手工作成效

268 — 岗位能手树标杆　岗位建功争领先
　　——青岛炼化开展青年岗位能手工作成效

青年安全生产示范岗

272 — 用青春践行誓言　用责任守护安全
　　　——河南油田开展青年安全生产示范岗创建工作成效

276 — 以青春之名　担安全使命
　　　——中韩石化开展青年安全生产示范岗创建工作成效

青年突击队

280 — 弘扬青年突击队精神　唱响争先奋进主旋律
　　　——石油工程建设公司开展青年突击队工作成效

284 — 弹好青年突击队建设工作"三部曲"奏响青春建功"最强音"
　　　——长岭炼化开展青年突击队工作成效

青年志愿服务

288 — 打造志愿服务品牌　为千万吨级油气田建设赋能聚力
　　　——西北油田开展青年志愿服务工作成效

292 — 传递青春正能量　弘扬时代新风气
　　　——江苏石油开展青年志愿服务工作成效

青年创新创效

297 — 点燃创新激情　汇聚创效潜能　聚才引智促发展
　　　——高桥石化开展青年创新创效竞赛成效

300 — 擒油龙伏气虎　亮青春展风采
　　　——中原油田开展青工油气藏动态分析大赛成效

第一篇

党建引领篇

2022年5月,中国石化党组召开学习贯彻习近平总书记在庆祝中国共产主义青年团成立100周年大会上重要讲话精神座谈会暨青年精神素养提升工程部署会

2022年5月,中国石化党组书记、董事长马永生,时任中国石化党组副书记赵东,国资委党建工作局局长、中央企业团工委书记姚焕参观指导中国石化共青团庆祝中国共产主义青年团成立100周年主题展览

牢记嘱托·砥砺奋进

在中国石化党组学习贯彻习近平总书记在庆祝中国共产主义青年团成立100周年大会上重要讲话精神座谈会暨青年精神素养提升工程部署会上的讲话

马永生

（2022年5月31日）

刚才，我们一起观看了公司共青团和青年工作总结回顾专题片《奋进》；赵东同志传达了国务院国资委党委会议精神，对《青年精神素养提升工程实施方案》作了解读；5位优秀青年集体和个人代表交流了经验、分享了体会、表达了决心；姚焕同志对公司共青团和青年工作给予了充分肯定，就落实习近平总书记重要讲话精神、加强新时代共青团和青年工作提出了明确要求。

下面，围绕学习贯彻习近平总书记重要讲话精神，实施青年精神素养提升工程，我讲三点意见。

第一，公司各级团组织要坚守共青团的初心使命，不断增强引领力、组织力、服务力

总书记指出，坚定不移跟党走，为党和人民奋斗，是共青团的初心使命。公司各级共青团组织要把初心落在行动上，把使命担在肩膀上，不断提高引领凝聚青年、组织动员青年、联系服务青年的

第一篇　党建引领篇

能力和水平，在全方位、高标准锻造中焕发出共青团昂扬向上的时代风貌。

一要从历史经验中汲取智慧。在庆祝共青团成立100周年大会上，习近平总书记从立身之本、政治之魂、奋进之力、活力之源4个方面，精辟概括了一百年来共青团坚定理想、矢志不渝形成的4条宝贵经验。坚持党的领导，坚守理想信念，投身民族复兴，扎根广大青年，凝结着共青团百年探索、百年奋斗的心血智慧，也揭示了共青团面向未来、再立新功的制胜之道。各级共青团组织要紧密结合百年团史，紧密结合公司共青团和青年工作实际，不断加深理解和领会，切实把共青团百年奋斗形成的4条宝贵经验传承好、发扬好，使之成为做好新时代共青团和青年工作的重要遵循。

二要在对标对表中改进提升。在庆祝中国共产主义青年团成立100周年大会上，习近平总书记从政治学校、先锋力量、桥梁纽带、先进组织4个方面，对新时代共青团组织提出了希望和要求。各级共青团组织要坚持目标导向、问题导向、效果导向相统一，以强烈的看齐意识对照查摆，看看在引领青年思想进步上，与当代青年的思想特点合拍不合拍，传承红色基因、赓续红色血脉做得怎么样；看看在组织青年永久奋斗上，与公司改革发展中心任务扣得紧不紧，开展工作的载体实不实，青年力量凝聚得强不强；看看在联系服务青年上，行动深入不深入，关系密切不密切，对青年有没有很强的吸引力和向心力；看看在紧跟党走在时代前列上，自我革命的劲头足不足，从严治团的力度大不大，共青团组织的先进性有没有充分体现出来。要通过系统深入地对标对表，找到差距，找准症结，研究措施，改进提升，使公司共青团和青年工作更好地体现时代性、把握规律性、富于创造性。

三要在实践实干中展示作为。当前，公司上下正在深入学习贯彻习近平总书记视察胜利油田重要指示精神，扎实开展"牢记嘱托、再立新功、再创佳绩，喜迎二十大"主题行动，奋力打造具有强大战略支撑力、强大民生保障力、强大精神感召力的中国石化。把4

万余名团员、15万名青年更好地团结起来、组织起来、动员起来，为公司高质量发展打造一支信得过、靠得住、过得硬的突击队和生力军，是各级共青团组织的职责所在、优势所在。要强化政治引领，扎实开展"喜迎二十大、永远跟党走、奋进新征程"主题教育实践活动，深入实施青年精神素养提升工程，持续推动习近平新时代中国特色社会主义思想大学习大普及大落实，引导广大团员青年坚定不移听党话、跟党走。要突出岗位建功，深入挖掘"号、手、岗、队"、青年志愿服务等"青"字号品牌的时代内涵，大力开展青年创新创效活动，激励广大团员青年在公司改革发展的各个领域施展才华、建功立业。要提高服务质量，建立健全"我为青年办实事"长效机制，定期开展青年思想动态调研，积极创造条件，广泛搭建平台，帮助广大团员青年更好更快地成长成才。要坚持从严治团，认真贯彻落实《新时代全面从严治团实施纲要》，抓团组织建设从严，抓团员队伍管理从严，抓团干部队伍管理从严，不断增强政治性、先进性、群众性，打造对党忠诚、贴近青年、动员有力、富有活力的共青团组织。

第二，公司广大团员青年要牢记总书记的殷切期望，做到有理想、敢担当、能吃苦、肯奋斗

总书记强调，新时代的广大团员青年要做理想远大、信念坚定的模范，刻苦学习、锐意创新的模范，敢于斗争、善于斗争的模范，艰苦奋斗、无私奉献的模范，崇德向善、严守纪律的模范，在实现民族复兴的赛道上奋勇争先。殷殷嘱托，语重心长。公司广大团员

青年要以"五个模范"为坐标，打牢立身做人、干事创业的根基，更好更快成长为事业发展所需的栋梁之材。

一要志存高远。理想信念是引领我们不断前进的一盏明灯，有了正确的理想信念，才能做出正确的人生抉择。要时刻牢记中国共产主义青年团姓"共"、姓"马"，自觉用习近平新时代中国特色社会主义思想武装头脑，让党的创新理论照亮前进之路。要把理想抱负融入保障国家能源安全、引领我国石化工业高质量发展、担当国家战略科技力量火热实践之中，努力做到有所作为、有所建树，在推进事业发展中实现人生价值。要在实践中砥砺梦想，以梦为马、不负韶华，让理想之树常青，在任何时候任何情况下都不改其心、不移其志。

二要勇攀高峰。青年最富有朝气，最富有活力，最富有闯劲，也最不甘居人后。要永不懈怠、永不停步、永远奋斗，立足岗位，苦练本领，孜孜以求地学理论、学管理、学科技、学业务，学习一切有利于做好工作、破解难题的知识，努力成为本职工作的行家里手。要多一些"闯"的精神、"干"的劲头，敢于善于用创新的理念、思路和方法破解难题，努力把本职工作推向新高度、提到新水平，为事业发展注入强劲的青春活力。

三要脚踏实地。千里之行，始于足下。要从眼下做起，从岗位工作做起，从一点一滴做起，兢兢业业干好每一项工作，扎扎实实完成每一项任务，用止于至善的标准积蓄青春腾飞的后劲。要传承石油石化优良传统，把苦干实干、"三老四严"、求真务实、精细严谨等优良作风熔铸到血脉里、落实到行动上,吃苦在前,享受在后,遵章守纪,令行禁止,接过创业先辈的接力棒,跑好属于青年的这一程。近日,团中央办公厅、应急管理部办公厅启动了2022年度全国青年安全生产示范岗创建活动。广大青年员工要紧扣"安全生产、青年当先"的活动主题,积极投身创建工作,在推动公司迈向本质安全中展示青春风采。

四要正心修身。青年时期是人生观、价值观、世界观确立的关键期,品德上立住了,未来才能行得正、走得远。要明大德、守公德、严私德,在是与非、黑与白、善与恶、美与丑等方面,始终做到心中有本账、脑中有根弦、手中有把尺,坚守正道,不做错事。要大力弘扬"奉献、友爱、互助、进步"的志愿精神,从身边做起,从点滴做起,把甘于奉献的崇高精神、健康向上的道德风尚融入自己的一言一行中,让青春绽放出更加灿烂的道德光芒。

第三,公司各级党组织要强化责任担当,当好青年朋友的知心人、青年工作的热心人、青年群众的引路人

总书记强调,过去、现在、将来青年工作都是党的工作中一项战略性工作,各级党委(党组)要倾注极大热忱研究青年成长规律和时代特点,拿出极大精力抓青年工作,做青年朋友的知心人、青年工作的热心人、青年群众的引路人。从集团公司党组到基层党支部,各级党组织都要认真贯彻落实总书记的要求,把青年工作摆上更加突出的位置,支持各级共青团组织创造性地开展工作、发挥作用。

一要抓实组织领导。要把团的建设纳入同级党的建设总体规划，同部署、同落实、同检查，做到党团建设同步谋划、党团组织同步设置、党团力量同步配备、党团工作同步开展。要把共青团和青年工作摆上重要议事日程，每年至少召开1次专门会议，听取团青工作汇报，研究部署共青团和青年工作，及时帮助解决遇到的困难。党组织书记要靠上去、亲自抓，积极参加共青团的重要会议和活动，大力推动实施青年精神素养提升工程。

二要抓实制度机制。坚持"四带一健全"，全力推动《中国石化党建带团建工作实施方案》落地见效。要带好思想政治建设，开展党内集中教育时，同步安排团组织开展学习教育，推动团组织书记列席同级党委理论学习中心组学习。要带好基层组织建设，要按照有利于加强团的工作的原则，合理设置团的基层组织和工作机构，保证团的工作力量。要带好团干部队伍建设，选优配强各级团干部，按规定落实职级待遇。要带好团青作用发挥，支持团组织围绕改革发展的重点难点开展岗位建功活动，推动团青工作与生产经营深度融合。要健全党建带团建工作长效机制，把党建带团建工作情况、共青团和青年工作开展情况纳入党建工作考核，并作为各级党组织向上级党组织报告年度党建工作、党组织书记抓党建述职评议重要内容。建立党建带团建工作联系点，各级党委班子成员每年深入联系点调研指导团建工作不少于1次。

三要抓实推优入党。要认真落实《中国石化共青团推优入党工作实施细则（试行）》，把"推优"作为一项经常性工作，规范"育优""培优""推优"程序,把在政治思想、道德品行、发挥作用、执行纪律等方面表现突出的团员吸纳进党组织,在团员青年中形成追求政治进步的浓厚氛围。

  同志们,青年朋友们,时代各有不同,青春一脉相承,百年恰是风华正茂。让我们以习近平总书记重要讲话精神为指导,建功新时代,奋进新征程,不断开创共青团和青年工作的新局面,为公司高质量发展注入更加强大的青春力量,以优异成绩迎接党的二十大胜利召开!

> 牢记嘱托·砥砺奋进

在中国石化党组学习贯彻习近平总书记在庆祝中国共产主义青年团成立100周年大会上重要讲话精神座谈会暨青年精神素养提升工程部署会上的讲话

赵 东

（2022年5月31日）

下面，由我代表党组，传达国资委党委学习贯彻习近平总书记在庆祝中国共产主义青年团成立100周年大会上重要讲话精神座谈会暨中央企业青年精神素养提升工程动员部署会议精神，部署中国石化青年精神素养提升工程。

一、关于国资委党委会议精神

5月20日，国资委党委召开学习贯彻习近平总书记在庆祝中国共产主义青年团成立100周年大会上重要讲话精神座谈会暨中央企业青年精神素养提升工程动员部署会议。国资委党委书记、主任郝鹏同志，团中央书记处书记傅振邦同志出席会议并讲话。国资委党委委员、副主任谭作钧同志主持会议，国资委党委委员出席会议。会议就国资央企系统深入学习贯彻习近平总书记在庆祝中国共产主义青年团成立100周年大会上重要讲话精神、全面开展青年精神素养提升工程、全面加强中央企业共青团工作作出部署。

第一篇 党建引领篇

　　会上，郝鹏同志重点强调了3个方面工作。**一是深入学习贯彻习近平总书记重要讲话精神，引领广大央企青年坚定不移听党话跟党走。**要求深刻领会总书记关于共青团始终与党同心、跟党奋斗的重要论述精神，准确把握共青团和青年工作初心使命；深刻领会总书记关于共青团百年征程宝贵经验的深刻总结，准确把握中国青年运动和团组织建设历史规律；深刻领会总书记对新时代共青团提出的"四个始终成为"的殷切希望，准确把握新时代共青团和青年工作的根本任务；深刻领会总书记关于共青团员"五个模范"的科学指引，准确把握新时代团员青年队伍建设先进性标准；深刻领会

总书记关于团干部队伍建设重要要求，准确把握新时代团干部健康成长路径；深刻领会总书记关于落实党建带团建制度机制、推动育人链条衔接贯通实践要求，准确把握党组织抓好共青团和青年工作重点任务。**二是全面开展青年精神素养提升工程，持续巩固和扩大党在经济领域执政的青年群众基础**。要求把党的领导贯穿青年精神素养提升工程全过程，抓紧抓实学习讨论实践重点任务，注重守正创新推动工作走深走实。**三是全面加强中央企业共青团工作，在新时代新征程上始终当好党的忠实助手和可靠后备军**。要求国资央企共青团要彰显政治属性，始终坚持党的领导立身之本；要高举思想旗帜，始终坚守为党育人主责主业；要心怀"国之大者"，始终牢记共青团工作时代课题；要扎根基层青年，始终当好联系服务青年的桥梁纽带；要全面从严治团，始终紧跟党走在时代和青年前列。

傅振邦同志对央企共青团提出4点要求。一是高举伟大思想旗帜，团结引领央企青年坚定理想信念；二是紧紧围绕"国之大者"，组织动员央企青年当先锋做闯将；三是当好桥梁纽带，竭诚服务央企青年全面发展；四是勇于自我革命，始终走在全团前列。

会上，姚焕同志代表中央企业团工委、中央企业青联向500万央企团员青年发出了"维护核心、拥戴领袖、跟党奋斗、勇做强国兴企突击队"的倡议。希望广大石化青年积极响应倡议，时刻牢记习近平总书记殷殷嘱托，努力当好新时代强国兴企的突击队，在奋斗中释放青春激情、在拼搏中追逐青春理想。

二、关于中国石化青年精神素养提升工程

按照国资委党委整体部署，为持续深入贯彻落实习近平总书记重要讲话精神和习近平总书记视察胜利油田重要指示精神，引领广大团员青年传承石油精神、弘扬石化传统，进一步激发创新和奋斗精神，积极投身"牢记嘱托、再立新功、再创佳绩，喜迎二十大"主题行动，集团公司党组决定自2022年5月至2023年5月开展中国石化青年精神素养提升工程。会前，公司党建工作领导小组已经印发了实施方案，主要内容包括：紧扣"一个主题"，即"增强做中国人的志气、骨气、底气"；聚焦"三个问题"，即"同先辈比，我们身上少了什么""同先辈比，我们身上多了什么""同习近平总书记对新时代中国青年的期望和时代与企业发展要求比，我们还需要充实什么"；部署"四个阶段"，即集中学习、传统教育、对标讨论、岗位建功；抓好"五个动作"，即学习习近平总书记系列重要讲话和指示批示精神，聆听党组织书记讲团课，邀请创业先辈讲传统，开展"我和先辈比奋斗"专题组织生活会，开展"喜迎二十大、永远跟党走、奋进新征程"主题教育实践活动，把精神素养提升成效转化为岗位建功实际。

实施方案在落实国资委党委提出的规定动作的基础上，紧密结合公司实际，将习近平总书记视察胜利油田重要指示精神作为集中学习的必学内容，将传承石油精神、弘扬石化传统、进一步激发创新和奋斗精神作为传统教育的重要抓手，突出目标导向，在检验活动成效的标准上提出了"四个看一看"（即对标树牢理想信念、对党绝对忠诚、坚定"两个维护"，"看一看思想认识有哪些新提升"；

对标重学习、强实践、勇创新,"看一看业务能力有哪些新提高";对标尽职责、敢担当、有作为,"看一看岗位建功有哪些新贡献";对标守规矩、讲团结、严细实,"看一看作风形象有哪些新改进"),同时结合各单位正在开展的"喜迎二十大、永远跟党走、奋进新征程"主题教育实践活动,制定了13项任务清单,明确了完成时间节点。

各单位、各部门要紧密结合实际,推动青年精神素养提升工程走深走实,工作推进过程中不需要层层制定实施方案、层层召开启动部署会议,鼓励各单位、各部门结合实际创造性地开展工作,务求将此项工作抓实抓细、抓出实效。青年精神素养提升工程实施情况将纳入年度党建工作考核。

在中国石化党组学习贯彻习近平总书记在庆祝中国共产主义青年团成立 100 周年大会上重要讲话精神座谈会暨青年精神素养提升工程部署会上的讲话

姚 焕

（2022 年 5 月 31 日）

5月10日，习近平总书记出席庆祝中国共青团成立100周年大会并发表重要讲话，为新时代青年运动和共青团工作提供根本遵循、思想指引、行动指南。在此之前的5月2日，总书记给航天青年回信，充分体现总书记对中央企业和央企青年的重视厚爱。贯彻落实总书记重要讲话精神，5月20日国资委党委召开专题会议，郝鹏同志就学习贯彻总书记重要讲话和重要回信精神，全面实施中央企业青年精神素养提升工程作出全面部署。今天，中国石化召开学习部署会，充分体现党组坚决贯彻落实总书记和党中央决策部署的政治自觉，体现党组对共青团工作的高度重视和对团员青年的深切关怀。

刚才，我们一起参观主题展、观看《奋进》专题片，赵东同志传达国资委党委专题会议精神，部署中国石化青年精神素养提升工程，5名青年代表围绕贯彻落实总书记重要讲话，结合实际畅谈了学习体会，听了以后很受感动鼓舞。强烈感到，中国石化作为共和

牢记嘱托·砥砺奋进

国石化工业领军者、国家能源安全顶梁柱，始终赓续"姓党为民"红色基因，弘扬"三老四严"光荣传统，牢记为美好生活加油使命，推动我国石化工业从无到有、从小到大、从国内迈向世界一流。强烈感到，一部中国石化艰苦创业史，就是一部石化青年爱党兴企奋斗史，40年来一代代石化青年响应党的号召，把最美好的年华奉献给祖国石油石化事业，用青春热血捍卫祖国工业大动脉，把贫油国的帽子甩到太平洋，把能源的饭碗牢牢端在自己手中。强烈感到，石化党组高度重视青年、关心团青工作，石化各级团组织始终听党指挥、心系青年，不断谱写新时代中国青年运动石化篇章。我相信

中国石化青年精神素养提升工程，一定能够为中央企业作出表率、打造样本。这里围绕贯彻落实总书记重要讲话，扎实开展青年精神素养提升工程谈三点体会。

希望石化青年永葆"石油工人心向党"红色基因，始终做忠诚于党、信念坚定的表率。石油石化工业是在党领导下成长起来的，高举伟大思想旗帜、坚决听从党的召唤是我们的鲜亮底色。60年代老一辈石油铁军秉承"我为祖国献石油"赤诚之心，响应党的号召齐聚渤海荒原、奋战华北探区，以毛泽东思想为指导，依靠"两论""两分法"解决矛盾、攻克难题，推动石油事业不断从胜利走向胜利。开展青年精神素养提升工程，引领石化青年再创佳绩、再立新功，必须把提高政治素质作为首要任务，引领青年在学习理论、重温历史、观照现实中坚定政治信仰、把牢政治方向、锻造政治能力。要持续深化理论武装，把学习贯彻总书记在中国共青团成立100周年大会上重要讲话，作为当前和今后一个时期首要政治任务，同学习贯彻总书记关于青年工作重要思想、对央企青年殷切嘱托、关于国资国企重要论述结合起来，同迎接宣传贯彻党的二十大等重点工作结合起来，像石油先辈篝火旁学"两论"一样学习总书记思想，在深学细悟中深刻领会"两个确立"决定性意义，在真学真信中增进维护核心、拥戴领袖真挚情感。要始终做到行动紧跟，立足本职岗位把落实总书记重要指示与正在做的事情结合起来，把"为党强企、兴油报国"人生追求体现在实际行动上，立志做又红又专的技术大牛、管理能手、大国工匠，在助力油气增储上产、维护国家能源安全中更好地实现人生价值。

希望石化青年传承"苦干实干、三老四严"光荣传统，始终做务实担当、奋发有为的表率。总书记多次对青年一代弘扬党的光荣传统和优良作风、为党和人民伟大事业接续奋斗发表一系列重要讲话，多次勉励青年"不断增强做中国人的志气、骨气、底气"，充分体现人民领袖对祖国未来一代精神素养培养的关心重视。石油石化艰苦创业历程孕育了以苦干实干、三老四严、精细严谨为特质的石油精神、石化传统，这是先辈留给我们的宝贵精神财富，是指引我们从胜利走向胜利的动力源泉。开展青年精神素养提升工程，必须把弘扬先进精神、继承光荣传统作为重要内容，引导青年对标总书记提出的"五个模范要求"，围绕"同先辈比，我们身上少了什么""同先辈比，我们身上多了什么""同习近平总书记对新时代中国青年的期望和时代与企业发展要求比，我们还需要充实什么"三个问题开展对标反思，从先进精神丰富内涵中感悟初心使命，从先辈艰苦创业历程中汲取奋进力量。继承弘扬精益求精、追求卓越的敬业精神。学习先辈"三老四严""四个一样"精细严谨作风，保持"有第一就争、见红旗就扛"斗志，在生产上精耕细作、经营上精打细算、管理上精雕细刻、技术上精益求精。继承弘扬开拓创新、敢为人先进取意识。学习先辈在"碎盘子"中找油采油，不断挑战极限、突破禁区的创新精神，持续攻克油气新能源、高端新材料"卡脖子"技术，让我国站稳世界石化大国舞台中央。继承弘扬艰苦奋斗、扎根一线务实作风。学习先辈2000多个日夜住窝棚、吃野菜，驰骋40万平方公里华北平原建成第二大油田的革命热情、拼命精神，主动到生产经营一线、科技创新前沿求真学问、练真本领，在全面推动企业高质量发展中勇当尖兵，争做奋发有为、追求卓越的央企发展接力人。

希望石化青年牢记"端稳能源饭碗"殷切嘱托，在兴油报国征程中再立新功、再创佳绩。 去年10月总书记视察胜利油田时，强调能源的饭碗必须端在自己手里，勉励我们要再立新功、再创佳绩。新时代石化青年肩负兴企强国重任，2035年时，我们是中坚力量；2050年时，我们冲上事业高峰。爱我中华、振兴石化，我们是旗帜，我们是栋梁。希望中国石化以青年精神素养提升工程为契机，围绕主责主业和中心任务搭建更多青年建功平台，引领青年不折不扣把总书记重要讲话精神落实到岗位建功行动上。希望你们勤学苦练、强身健体，紧跟时代步伐和企业所需，坚持干什么学什么、缺什么补什么，以真才实学应对新形势新挑战，勇做走在时代前列的奋进者、开拓者、奉献者。希望你们志存高远、勇于实践，瞄准能源供给保障和绿色低碳发展前沿领域，勇于开拓实践、探索创新，始终担当世界领先洁净能源化工公司的中流砥柱。希望党组一如既往重视关心青年工作，落实好党建带团建各项任务，守正创新探索青年思想引领路径，为团青工作创造有利条件，为青年成长搭建更多平台。各级团组织要在党的领导下，加强青年政治引领、支持青年岗位建功、用心用情服务青年，引导青年在岗位实践中找到价值、成长成才。

牢记嘱托·砥砺奋进

党组织书记讲团课

坚定理想信念　堪当时代重任
做忠诚干净担当的纪检监察干部

钱光顺

（2022年6月16日）

去年，我们热烈庆祝中国共产党成立100周年；今年，我们又迎来了中国共青团成立100周年。我们党自成立之初，便将青年工作摆在重要位置，缔造并领导了共青团，创造了中国青年运动的百年荣光。今年5月10日，习近平总书记在庆祝中国共产主义青年团成立100周年大会上发表重要讲话，系统总结了共青团百年来带领团员青年取得的历史成就、形成的宝贵经验，并对共青团做好青年工作及团员青年成长成才提出殷切希望。

根据《中国石化青年精神素养提升工程实施方案》作为党总支书记，由我讲授一堂青年精神素养提升主题团课，同时借此机会，也是与全体党员干部的一次集体谈心谈话。重点从贯通学习领会习近平总书记在庆祝中国共产主义青年团成立100周年大会上的重要讲话，2019年以来在中青班开班式上的六次重要讲话，以及在历次中央纪委全会上对纪检监察干部队伍建设作出的重要要求，围

纪检监察组党总支书记钱光顺讲授青年精神素养提升主题团课

绕"政治之魂""奋进之力""成事之基"三个关键词作一交流，与大家共勉。

一、始终坚守理想信念、绝对忠诚这个政治之魂

通览习近平总书记重要讲话，讲理想信念、讲对党忠诚一以贯之、一脉相承。纪检监察机关是政治机关，纪检监察干部是纪律部队，是党的忠诚卫士。《中国共产党纪律检查委员会工作条例》第三条明确规定：党的各级纪律检查委员会是党内监督专责机关，是党推进全面从严治党、开展党风廉政建设和反腐败斗争的专门力量。我感到，作为中国石化纪检监察干部，要成长起来，做到信念坚、政治强，就必须在三个方面下功夫。

一是在强化党的创新理论武装上下功夫。最根本的就是坚持不懈用习近平新时代中国特色社会主义思想改造主观世界,融入血脉、铸入灵魂,不断向"学懂弄通做实"目标迈进。重视学习,是我们党的优良传统。党的七大召开之前,面对严峻的军事斗争形势,毛主席还是决定把各战区的主要干部全部集中起来学习,有的从战区走到延安就要好几个月时间,就是为了学习、整风,为了思想上的统一。前天我们举办了第二期纪检监察干部学习交流大讲堂,今天又开展主题党日,应该说纪检监察组在学习上抓得还是比较紧的,但保证学习时间只是一个方面,关键在于不搞形式主义。我们每位同志都要认真反思,是否每次学习都能够认真对待、全心投入,是否存在把学习当成"务虚",把"务虚"当成"空谈"思想。大家一定不要认为学习是"务虚",浪费时间耽误工作,"务虚"是为了提升认识和把握规律的能力,是为了更好地"务实",不然就很容易陷入危险的事务主义和狭隘的经验主义。学习理论最有效的办法就是读原著、学原文、悟原理,强读强记,常学常新,往深里走、往实里走、往心里走,把自己摆进去、把职责摆进去、把思想摆进去,做到学思用贯通、知信行统一,切实把学到的理论转化为自己的思想和行动。

二是在读懂百年党史汲取智慧力量上下功夫。最根本的就是要发扬伟大的历史主动精神,从党的百年奋斗中看清楚过去我们为什么能够成功、弄明白未来我们怎样才能继续成功。当前,百年变局和世纪疫情相互交织,大国博弈日趋激烈,世界进入新的动荡变革期,不稳定性不确定性显著上升。特别是今年以来国际国内环境中出现一些突发因素超出预期,一个是俄乌冲突,加剧大宗商品价格持续上涨,造成全球市场剧烈波动;另一个是国内疫情出现反复、超出预期,尤其是上海、北京等经济发达地区发生疫情,对全国经济运行带来很大影响。中央政治局常委会议、中央政治局会议作出一系列重要部署,国务院专门召开稳住经济大盘电视电话会议,核心要求就是要保持好"三个环境"(平稳健康的经济环境、国泰民安的社会环境、风清气正的政治环境),办好"三件大事"(疫情要防住、经济要稳住、发展要安全),这也是中央为当前发展划出的"三条底线",疫情防控是前提,稳住经济是基础,统筹发展与安全是保障。作为纪检监察干部,要从党史学习中坚定历史自信,增强政治敏感性鉴别力,始终保持战略定力、战略韧劲、战略耐性,始终在思想上政治上行动上同党中央保持高度一致,在任何时候任何情况下都能"不畏浮云遮望眼""乱云飞渡仍从容"。

三是在牢记嘱托传承血脉基因上下功夫。在建党百年之际,习近平总书记亲临胜利油田视察,深情回顾石油工业艰苦创业史,给予了石油战线"旗帜""栋梁"的定位和"再立新功、再创佳绩"的期许,作出了"能源的饭碗必须端在自己手里""把技术搞上去""既要绿色低碳又要能源安全"等一系列重要指示,为公司未来发展指明了方向,注入了强大的政治动力和精神力量。作为纪检监察干部,必须牢记总书记嘱托,在党的事业全局、中国石化发展大局中找准坐标、把准定位,清醒认识"中国石化因何而来、为谁而兴,从哪里来、到哪里去,为党和人民担当什么",更加坚定传承红色基因、勇担职责使命的进取之志，进一步增强听党话、跟党走的思想自觉和行动自觉，在推动中国石化高质量发展和保障国家能源安全的实践中筑牢理想信念根基。

二、充分激发敢于担当、善于斗争这个奋进之力

习近平总书记指出，只有全党继续发扬担当和斗争精神，才能实现中华民族伟大复兴的宏伟目标。反腐败斗争是具有许多新的历史特点的伟大斗争的重要战场，纪检监察干部是冲在战斗一线的纪律部队。当好纪检监察干部，就要为党分忧、勇于做事、敢于担责，在大是大非面前敢于亮剑，在矛盾问题面前迎难而上，在危机困难关头挺身而出，面对歪风邪气坚决斗争，以强烈的历史责任感、深沉的使命忧患感、顽强的意志品质坚守初心、砥砺前行。

一是要在放大格局提升境界中忠诚履职尽责。担当和斗争是一种精神，也是一种格局，就像同样在建筑工地搬砖，有的定位在砌墙，有的定位在盖房子，有的定位在建造华丽的宫殿，站位、定位、境界不同，追求和结果就不一样。在石油石化行业，闵恩泽这个名字大家都不陌生，他曾说"能把自己的一生与人民的需求结合起来，为国家的建设做贡献，是我最大的幸福"。为了国家需要，他一生四次转行，从土木到化工，再到催化剂研究和化纤领域，成为我国炼油催化应用科学的奠基者、石油化工技术自主创新的先行者、绿色化学的开拓者。纪检监察工作是一项政治性、政策性都很强的工作，作为纪检监察干部，要有大视野、大情怀、大格局，要厘清工作岗位"责任是什么、应该做什么、重点是什么、根本目的是

什么",真正让负责的工作既为一域争光、更为全局添彩。

二是要在净化维护政治生态上彰显价值作为。干事担事,是干部的职责所在,也是价值所在。干事业总是有风险的,所以才更需要担当,更需要发扬斗争精神。作为纪检监察干部,净化和维护公司政治生态,是我们一切工作的出发点和落脚点。经过各方不懈努力,中国石化政治生态持续向好、大为好转,但距离根本好转还有很大差距。在中央纪委国家监委2021年度考核中,中国石化纪检监察组连续第3年获评优秀等次,永生同志代表党组给予充分肯定和鼓励支持,但也要清醒认识到,我们探索独立查办职务犯罪案件还不够。党组、纪检监察组下定决心要把存量问题基本清理掉,朝着打造一流政治生态、廉洁石化亮丽名片的目标坚定迈进。要准确把握党风廉政建设和反腐败工作所处阶段、环境形势、使命任务,找准主要矛盾和矛盾的主要方面,明确斗争方向,注重斗争策略,讲究斗争艺术,把握斗争火候,坚定不移正风肃纪反腐,在推动全面从严治党向纵深发展上迈出新的更大步伐。

三是要在践行"四边"工作法中提升本领能力。习近平总书记指出,坚持在干中学、学中干是领导干部成长成才的必由之路,如果忙忙碌碌,只是机械做事,陷入事务主义,是很难提高认识和工作水平的。要深入践行"四边"工作法,切实强化研究意识、研究精神,一切工作都要开展研究,多思考,深思考,总结经验教训、规律认识,真正做到打一仗进一步,避免干完就拉倒,防止工作大而化之。我们要牢牢抓住事业"后继有人"这个根本,加强对年轻干部的"传帮带"，在学习上带、在党性上带、在实事求是上带、在把握尺度上带、在工作作风上带、在廉洁自律上带，帮助年轻干部全面发展、综合发展。作为年轻干部，要切实强化职业发展的危机意识，强化能力复合提升的紧迫感，在加强岗位业务研究的同时，主动强化监督执纪其他方面知识学习、实践锻炼，抓紧时间弥补短板，做到专业上更精，复合上更深，努力成长为一名"专才＋通才"的纪检监察干部。

三、坚决筑牢清正廉洁、做永葆本色这个成事之基

习近平总书记强调，干部守住守牢拒腐防变防线，要层层设防、处处设防，守住"五关"，即政治关、权力关、交往关、生活关、亲情关。总书记对纪检监察干部队伍高度重视、十分关心、从严要求，作出了一系列重要论述，反复强调纪检监察干部要作表率、发挥带头作用。我们要牢记总书记的谆谆教诲和殷切期待，不断加强自身建设，在行使权力上慎之又慎，在自我约束上严之又严，树立可亲可敬可信的良好形象，真正成为最忠诚、最干净、最纯洁、最担当的一批人。

一是心存敬畏，小事小节"不小"。守住拒腐防变防线，守护可亲可信可敬形象，最紧要的是守住内心，从小事小节上守起，正心明道、怀德自重，勤掸"思想尘"、多思"贪欲害"、常破"心中贼"，以内无妄思保证外无妄动。这是纪检监察干部必须修好的一门功课。在小事小节上看得透彻、行得端正，关键是内心要有一杆秤，善用"放大镜"去看一件件"小事"，思量背后的利害，掂得出轻重，才能站得稳立场、抵得住诱惑、经得起考验。

二是手握戒尺，自律之弦"不松"。 习近平总书记反复强调，纪检监察机关不是天然的保险箱，如果自我管理跟不上，很容易出现滥用权力、以权谋私等问题。作为执纪者，纪检监察干部首先要自己戴上"紧箍"，不仅要成为执行纪律的尖兵，更要成为遵守纪律的典范。就像再好的汽车，开上几年，就要检查检查底盘顺便紧一紧螺丝。对纪检监察干部来讲，自律意识、敏感性很强，脑子里的弦绷得很紧，但经不住时间长了，对一些事情习以为常、麻木了，如果不及时紧紧弦，就可能会出问题。

三是头悬利剑，法纪红线"不碰"。 在任何时候任何情况下，都要把纪律规矩挺在前面，特别要时刻把党的政治纪律政治规矩始终高悬头顶，坚守"底线"，不碰"红线"，真正做到一身正气、两袖清风，堂堂正正做人、干干净净用权。近年来，我们加大队伍结构调整力度，一批80后、90后年轻干部加入纪检监察、巡视巡察队伍，要坚持大胆放手与绝不甩手相结合，可以包容能力不足，但绝不纵容主观过失，让年轻干部在"承重状态"下保持清醒头脑，把准坐标定位，严格按照党的原则、纪律、规矩办事，始终坚守正确政治方向，真正站稳人生大舞台和事业大平台。

以上强调的几点，都是纪检监察干部特别是青年干部健康成长需要解决好的课题。应该说，在全面从严治党向纵深推进的大背景大形势下，纪检监察工作大有可为，纪检监察干部重任在肩，希望大家练好内功、提升修养、增强本领，以实际行动和工作实绩回报组织的培养和群众的信任。

牢记殷切嘱托　提升精神素养
在推动油田高质量发展中书写绚丽的青春篇章

牛栓文

（2022年6月17日）

今年是中国共产主义青年团成立100周年。5月10日，习近平总书记在庆祝大会上发表重要讲话，从确保党和国家事业发展后继有人、红色江山永不变色的高度，深刻阐明了共青团和青年工作的历史经验，对当代青年寄予殷切期望，对做好新时代共青团工作提出明确要求，为在新起点新征程上推动共青团事业守正创新、推进中国青年运动蓬勃向前提供了重要遵循，也为我们做好新时代国有企业共青团工作提供了具体指导。5月31日，集团公司党组召开学习贯彻习近平总书记在庆祝中国共产主义青年团成立100周年大会上重要讲话精神座谈会暨青年精神素养提升工程部署会，马永生董事长为广大石化团员青年讲授了青年精神素养提升第一课，同时对各级党组织、团青组织进一步做好共青团和青年工作提出了具体要求，饱含着党组对青年一代的关心关怀和对共青团工作的高度重视。

近年来，油田各级团组织认真落实集团公司团委、团省委部署和油田党委工作要求，始终发扬"党有号召、团有行动"光荣传统，

胜利油田党委书记牛栓文为胜利油田广大团员青年讲授团课

坚持"党旗所指就是团旗所向",不断保持和增强政治性、先进性、群众性,在引领青年思想、塑造青年精神、服务青年成长、动员青年建功上做了大量扎实有效的工作。油田广大青年传承"石油工人心向党"红色基因,坚定不移听党话、跟党走,把个人追求融入油田事业发展,积极投身增储上产、科研攻关、外部市场、抢险救灾、疫情防控最前线,走在前、当先锋。

在新的历史起点上,我们要深刻领悟习近平总书记的殷切希望和视察胜利油田重要指示精神,落实好集团公司党组部署,传承光荣传统、汲取智慧力量、坚定奋进方向、立足岗位奉献,在新时代新征程上留下无悔的奋斗足迹。下面,我主要讲三点意见,与大家进行一次团课交流。

第一，各级团组织要深刻把握共青团的职责定位，以更高的政治站位当好推动油田高质量发展的突击队

习近平总书记指出，共青团是突击队、是党的忠实助手和可靠后备军，并从政治学校、先锋力量、桥梁纽带、先进组织等四个方面提出殷切希望。油田各级团组织要深入理解蕴含其中的战略思维和现实考量，在培养教育青年、组织动员青年、联系服务青年中担当责任、发挥作用。

要把握政治学校定位，担当培养教育青年责任。共青团承担着为党源源不断输送新鲜血液的基本政治功能，是广大青年在实践中学习中国特色社会主义和共产主义的学校，是树立"共产主义志向"的政治学校。油田各级团组织要坚持为党育人主责主业，坚守政治学校功能定位，聚焦为油田事业发展培养建设者和接班人这一根本任务，帮助油田广大青年早立志、立大志，筑牢坚定不移听党话跟党走的思想根基。

要把握先锋力量定位，担当组织动员青年责任。党的奋斗主题就是团的行动方向。对油田来讲，端牢能源饭碗、保障国家能源安全，是党和国家交给我们的战略任务，是油田的核心职责，也是"再立新功、再创佳绩"的价值体现。油田各级团组织要牢记习近平总书记"共青团要自觉担当尽责，始终成为组织中国青年永久奋斗的先锋力量"嘱托，心怀"国之大者"，把牢"围绕中心、服务大局"的工作主线，找准服务油田发展的切入点和着力点，着力拓展团组织覆盖和动员效能,做实青年起步培养、跟踪培养,搭好实践锻炼的平台、创先争优的平台、成长建功的平台,引领青年把报国之志转化为实际行动,在油田各条战线上施展抱负、建功立业。

要把握桥梁纽带定位,担当联系服务青年责任。面向基层一线、深深扎根青年,是党对共青团的一贯要求,也是共青团全部生命力的源泉。油田各级团组织要紧扣服务青年的工作生命线,以需求为导向,强化服务意识和服务能力,充分用好各方资源渠道,及时掌握回应青年关切,解决青年的急难愁盼,让油田青年融入以团为主导的青年组织体系中,不断增强对共青团的组织归属感、工作获得感,紧紧团结凝聚在各级党组织周围。

要把握先进组织定位,担当全面从严治团责任。全面从严治团是共青团紧跟党不断加强自身建设的永恒课题。油田各级团组织要将"严"字作为自身建设的主基调,紧跟时代前进、青年发展、实践创新的步伐,发扬自我革命精神,对照全面从严治党高标准,以团组织建设从严,带动团干部队伍管理从严,促进团员队伍管理从严,持续增强政治性、先进性、群众性,提高共青团组织力、引领力、服务力和大局贡献度,真正成为党委放心、青年满意的可靠力量。

第二,广大团员青年要始终牢记习近平总书记的殷切期望,以更昂扬的奋斗姿态当好服务油田改革发展的生力军

油田广大青年要坚定政治信仰、提升精神素养、保持奋进姿态,把"为党强企、兴油报国"人生追求体现在实际行动上,努力成为可堪大用能担重任的栋梁之才。

要坚定理想信念、坚守对党忠诚。广大青年首先要强化理论武装。要将理想信念的确立建立在对马克思主义的深刻理解和对历史规律的深刻把握上，做坚定的青年马克思主义者。其次要传承红色基因。广大青年要继承弘扬伟大建党精神，要主动向老一辈石油人学习，自觉传承石油石化优良传统，认真践行"爱国、创业、创新、开放"的新时期胜利价值观，对组织忠诚热爱、对企业心怀感恩、对工作极端负责、对目标锲而不舍，有第一就争、见红旗就扛。

要磨砺奋斗品格、练就过硬本领。希望大家把握好苦练本领、增长才干的黄金时期，争当"硬核青年"，拒绝"躺平佛系"。一要主动学习提升。要把学习的着眼点聚焦到提高研究和解决问题的能力上，积极投身油田攻坚创效一线、改革破题前沿，在基层"急难险重新"任务中练胆魄、磨意志、长才干。二要坚持永久奋斗。要发挥正青春能吃苦、敢担当善作为的劲头，甘于做一颗永不生锈的螺丝钉，依靠勤劳和汗水开辟人生和事业前程。

要牢记青春使命、勇于担当作为。有责任有担当，青春才会闪光。习近平总书记视察胜利油田，给予石油战线"旗帜、栋梁"的定位和"再立新功、再创佳绩"的期许，并从保障能源安全、加快科技创新、推进绿色发展、确保安全生产、弘扬石油精神、做好群众工作等六个方面作出重要指示，赋予我们更高要求、更大责任。围绕贯彻总书记重要指示精神，油田部署了"五个立新功创佳绩"重点举措。广大青年要立足岗位创造价值。坚持干一行、爱一行、精一行，成为行业骨干、青年先锋。要注意克服浅尝辄止、博而不专的问题，带着恒心、带着钻劲，兢兢业业干好每项工作、踏踏实实完成每项任务，努力使每一个平凡岗位、每一份日常工作都成为油田高质量发展的重要支点。要矢志创新潜心攻关。当前，新理念、新技术、新模式不断涌现，广大青年要有新思想新思维，聚焦解决油气核心需求，瞄准各类"卡脖子"技术难题，积极参与科研攻关、技术革新、合理化建议等活动，为油田打造技术先导型企业和石油行业重要创新策源地奉献青年智慧。

第三，各级党组织要高度重视共青团和青年工作，以更强烈的使命责任当好油田广大青年的领路人

油田各级党组织要充分认识做好共青团工作的重要意义、青年工作的重要地位和青年人的重要作用，把团青工作摆在更加突出位置，加强对团青工作的领导指导，为团青工作创造有利条件，为青年成长搭建更多平台。

要坚持党管青年原则。讲青年工作的责任，首先是党组织的领导责任。各级党组织要从巩固和扩大党执政的青年群众基础的战略高度，认识和理解党的青年工作，从为事业培养建设者和接班人的高度，谋划、部署和推动青年工作。党管青年要把好方向、做好引领、搞好指导，发挥总揽全局、协调各方作用，健全齐抓共管的工作格局，支持共青团按照群团工作特点和规律创造性地开展工作，引导青年工作在推动发展中发挥更大作用、体现更大价值。

要加强党建带团建。党建带团建是一项系统工程，目的就是使团的建设随着党建发展而发展。各级党组织要落实主体责任，把团

建纳入同级党的建设总体规划，列为党建工作述职的重要内容，定期听取团建工作汇报，研究团建重大事项，协调解决重大问题等，将工作职能相近、活动内容相同、运行模式相似的工作整合起来，做到党团建设同步谋划、党团组织同步设置、党团力量同步配备、党团工作同步开展，推动资源共享互补，效能持续提升。

要抓好青年提质赋能。年轻干部培养、青工素质提升是事关油田长远发展的重大战略问题和紧要现实任务。近期，集团公司专门印发《中国石化青年精神素养提升工程实施方案》，油田各级党组织要将青年精神素养提升工程作为加强青年思想政治引领、激发青年能动力和创造力的有力抓手，从成就胜利百年基业的战略高度，全力加强青年的思想淬炼、政治历练、实践锻炼、专业训练，开展各种形式的岗位建功活动，把精神素养提升成效转化为创新创效的实效。

胜利成就青年，青年发展胜利。油田广大青年要自觉从习近平总书记期望嘱托中砥砺初心使命、鼓舞精神斗志，积极投身油田推动高质量发展、建设领先企业、打造百年胜利的生动实践，努力在新时代的赛道上跑出最好成绩！

凝聚团结奋斗青春力量 奏响"我在镇海基地写青春，为职业生涯加分"最强音

莫鼎革

（2022年7月22日）

为深入学习贯彻习近平总书记在庆祝建团100周年大会上的重要讲话精神，按照集团公司有关要求和公司青年精神素养提升工程整体部署，今天我为大家上团课，主题是《凝聚团结奋斗青春力量，奏响"我在镇海基地写青春，为职业生涯加分"最强音》。

党的十八大以来，以习近平同志为核心的党中央组织召开了党的历史上第一次中央党的群团工作会议，出台了新中国历史上第一个青年发展规划，部署了共青团改革，推动青年工作取得历史性成就。前不久，《论党的青年工作》在全国发行，为做好新时代党的青年工作指明了前进方向、提供了根本遵循，充分体现了党中央高度重视共青团和青年工作，高度关心青年、关爱青年，对新时代青年寄予殷切期望。

一直以来，公司党委深入贯彻落实习近平总书记关于青年工作的重要思想，立足党的事业薪火相传，高度重视共青团工作。实施青年精神素养提升工程，目的就是要用马克思主义中国化的最新成果武装青年，首要任务就是要深入学习习近平总书记重要讲话精神，

镇海炼化党委书记莫鼎革讲授主题团课

特别是在庆祝建团100周年大会上的重要讲话精神,引领广大青年牢记习近平总书记对镇海炼化提出的"世界级、高科技、一体化"的殷切嘱托,成长为镇海基地事业的合格建设者和可靠接班人。

一、提高政治站位,深刻领会习近平总书记重要讲话精神的核心要义和深刻内涵

习近平总书记在庆祝建团100周年大会上的讲话,是对习近平总书记关于青年工作的重要思想的最新丰富,是新时代党的青年工作的纲领性文献。

一要深刻领会共青团在党领导的中国青年运动壮阔进程中的先锋队作用。习近平总书记指出,一百年来,在党的坚强领导下,共青团不忘初心、牢记使命，走在青年前列，组织引导一代又一代青年坚定信念、紧跟党走，为争取民族独立、人民解放和实现国家富强、人民幸福贡献了青春、建立了重要功勋，对百年来共青团履行党的助手和后备军作用、团员青年发挥民族复兴先锋作用的历史评价，是中国共青团和一代代共青团员、团干部的无上荣光。

二要深刻领会共青团在百年征程中形成的宝贵经验和面向未来、再立新功的重要遵循。习近平总书记深刻把握中国青年运动规律、党的青年组织建设规律，深刻指出，坚持党的领导是共青团的立身之本，坚守理想信念是共青团的政治之魂，投身民族复兴是共青团的奋进之力，扎根广大青年是共青团的活力之源，精辟回答了共青团"是什么""该干什么"等本质问题，深化了对党领导的百年青年运动史的规律性认识和科学性总结。

三要深刻领会新时代中国青年运动和青年工作的奋斗方向。习近平总书记着眼实现中华民族伟大复兴战略全局，着眼党的事业后继有人、红色江山永不变色根本大计，鲜明指出，新时代共青团要坚持为党育人，始终成为引领中国青年思想进步的政治学校；要自觉担当尽责，始终成为组织中国青年永久奋斗的先锋力量；要心系广大青年，始终成为党联系青年最为牢固的桥梁纽带；要勇于自我革命，始终成为紧跟党走在时代前列的先进组织。指明了新时代共青团事业健康发展的必由之路。

各级党组织、团组织要学深悟透习近平总书记重要讲话精神，学出新时代青年的政治忠诚和时代担当，学出对习近平总书记的感恩之心、爱戴之情、捍卫之志。

二、坚守初心使命，不断提升公司各级共青团组织的引领力、组织力、服务力

当前，公司正按照习近平总书记的殷切嘱托，奋力打造"世界级、高科技、一体化"绿色石化基地。公司各级团组织要在企业高质量发展大局中找准工作跑道，带领青年唱响"我在镇海基地写青春，为职业生涯加分"最强音。

一要持续增强引领力，成为为党育人、为企育才的政治学校。各级团组织要坚持用习近平新时代中国特色社会主义思想武装青年，用社会主义核心价值观塑造青年，用石油石化优良传统滋养青年，帮助青年早立志、立大志，从内心深处厚植对党的信赖、对中国特色社会主义的信心、对马克思主义的信仰，助推企业培养一大批合格建设者的接班人。

二要持续增强组织力，成为围绕中心、服务大局的先锋力量。各级团组织要发扬"党有号召、团有行动"的优良传统，组织团员青年积极投身安全生产、检修改造、项目建设、创新创效，充分发挥"号手岗队"作用，汇聚镇海基地成员企业青春建功力量，团结带领广大青年争当石化事业生力军，让青春在神奇的热土上绽放绚丽之花。

三要持续增强服务力，成为心系青年、联系青年的桥梁纽带。各级团组织要紧扣服务青年的工作生命线，借助"教练员"网格体系，履行好"助教"职责，帮助青年提升思想认识，提高技术技能水平，服务青年全面成长。要坚持靠近现场、靠近员工、靠近问题，倾听"青年之声"，为青年提供实实在在的帮助，始终成为党联系青年的桥梁纽带。

三、牢记殷切嘱托，争做有理想、敢担当、能吃苦、肯奋斗的新时代好青年

一要热爱企业、胸怀理想。希望广大青年坚持用习近平新时代中国特色社会主义思想武装头脑，不断涵养"国之大者"，提升视野格局。当前，镇海基地的发展深度和广度空前，青年成长舞台空前，希望大家要热爱这方热土，把"小我"融入推动镇海基地高质量发展"大我"之中，肩负起加快建成世界一流石化基地的时代重任。

二要接续传承、脚踏实地。希望广大青年深刻体悟镇海炼化独特精神气质，弘扬传承石油石化优良传统，践行"越努力，越幸运；不拼搏，无奇迹"理念，不断增强自信心。要懂得"行百里者半九十"的道理，把全部心思和精力都用到聚精会神强本领、干工作上，正确对待一时的成败得失，处优而不养尊，受挫而不短志，不断自我激励，不断自我成长。

三要勇于创新、敢于"揭榜"。创新的舞台宽广辽阔，从研究院、实验室到生产一线、装置现场，从安全环保、生产经营、发展建设到科技创新、管理变革、党建工作，处处都是创新的沃土。要树立"开放创新、合作共赢"理念，在日常工作中保持推陈出新的意识和干劲，力争在本职岗位上有所发现、有所发明、有所创造。

四要团结奋斗、奋力奔跑。为全面建成"世界级、高科技、一

体化"绿色石化基地而奋斗,是我们人生难得的际遇。希望大家牢记公司"过去全战全胜、未来百战百胜"的"团结奋斗"密码,敢于到环境艰苦、矛盾困难多、难点焦点多的地方去经风雨、见世面、长才干、壮筋骨。始终保持乐观向上的精神状态,那些在攻坚克难中创造业绩的青春奉献,终将成为人生的宝贵财富,汇成新时代镇海基地的无限精彩。

听党话跟党走　争做奋进青年
在高质量发展新征程中谱写青春华章

岑利祥

（2022年7月4日）

5月10日，习近平总书记出席庆祝中国共产主义青年团成立100周年大会并发表重要讲话。5月31日，集团公司党组召开会议，专题学习总书记重要讲话精神，并对中国石化青年精神素养提升工程进行部署。今天，省公司召开专题会议，深入学习贯彻习近平总书记在庆祝中国共产主义青年团成立100周年大会重要讲话精神，按照集团公司部署，推进实施广东石油青年精神素养提升工程，全面加强共青团和青年工作，团结带领青年站排头、争第一，为企业高质量发展贡献青春力量，以实际行动迎接党的二十大胜利召开。下面，围绕贯彻落实总书记重要讲话精神，启动广东石油青年精神素养提升工程，我跟大家交流两方面的意见。

一、准确把握丰富内涵和精神实质，切实把思想和行动统一到习近平总书记重要讲话精神上来

（一）深刻领会总书记对百年来共青团和青年工作光辉成就和历史经验的重要论述

总书记这些重要论述，深刻阐明了共青团由党缔造、与党同心、

广东石油党委书记岑利祥给团员青年讲授主题团课

跟党奋斗的政治属性,深刻揭示了中国青年运动规律、党的青年组织建设规律,深刻回答了共青团立身、立心、立命的根本所在。我们要始终牢记中国石化姓党为民的红色基因,引导青年继承弘扬与党同心、跟党奋斗的光荣传统,以牢牢端稳"能源饭碗"为己任,答好"能源保供"这道题,交好"市场捍卫"这张卷,为推进企业高质量发展再立新功、再创佳绩。

(二)深刻领会总书记对共青团"四个始终成为"的殷切希望

总书记这些重要论述,深刻阐明了新时代共青团的政治职能定位,明晰了共青团工作的根本任务、政治责任、工作主线和改革方向。我们要增强做好青年工作的责任感和使命感,领导和支持各级团组织将青年组织起来、团结起来，动员起来，积极融入企业经营管理中心工作，融入样板工程打造的全过程，融入精益管理的各个细节，创造性地开展工作、发挥作用，将共青团组织政治优势转化为企业的发展优势。

（三）深刻领会总书记对共青团员、团干部的科学指引和重要要求

总书记这些重要论述，明确了新时代共青团员的先进性标准，标定了青年"做什么样的人""干什么样的事"的成长航向，明确了团干部队伍建设的根本要求。我们要引导团员青年自觉把"五个模范"的科学指引内化为修养、外化为行动；教育团干部成为业务骨干、青年先锋，做到一心向党、一身正气、一尘不染。

（四）深刻领会总书记关于落实党建带团建制度机制、推动育人链条衔接贯通的实践要求

总书记这些重要论述，强调了落实党建带团建机制的重要作用，为我们加强党对群团工作的领导明确了方向。我们要加强党对青年工作的领导，把准政治方向，落实政治责任，持续深化党建带团建工作，更好引领各级团组织充分发挥党的忠实助手和可靠后备军作用。

二、淬炼本领，争做广东石油奋进青年

广东石油青年，是广东石油的未来。加快青年员工培养、帮助青年员工成长成才，是省公司党委的重点工作。新时代广东石油青年应该成为什么样的人，我想大家要从以下四个方面努力：

（一）要做理想信念坚定的人

要筑牢思想根基，要坚定听党话、跟党走，深刻领会"两个确立"，坚决做到"两个维护"，拥戴领袖、忠诚核心、维护核心、捍卫核心。用党的奋斗历程和伟大成就鼓舞斗志、明确方向，沿着习近平总书记指引的道路不断前进。要强化理论武装，自觉用习近平新时代中国特色社会主义思想武装头脑，原原本本研学原文、悟原理，始终以理论清醒保持政治坚定。要锻造精神之魂，把自己的小我融入祖国的大我之中，与时代同步伐，才能更好实现人生价值、升华人生境界。我相信，有了坚定的理想信念和强大的思想武器，把青春热血融入广东石油事业，你们的青春一定会绚丽多彩。

（二）要做有情怀有本事的人

青年人精力充沛、思维活跃、对新事物接受能力强，一定要抓住青春年华，苦下功夫，久久为功，一刻不停提高。要传承优良传统。牢记殷殷嘱托、接续奋斗，传承红色基因、赓续红色血脉，坚守光荣传统、接续永久奋斗。聚焦"增强做中国人的志气、骨气、底气"，回答好三大问题："同先辈比，我们身上少了什么；同先辈比，我们身上多了什么；同习近平总书记对新时代中国青年的期望和时代与企业发展要求比，我们还需要充实什么"，用党的光荣传统和优良作风坚定信念、凝聚力量，用党的实践创造和历史经验启迪智慧、砥砺品格，凝聚起实现高质量发展的强大精神力量。要练就过硬本领。要树立"终身学习"理念，持续提升自身素养，在各自岗位上做到"立足全局谋一域，干好一域促全局"。要磨炼意志，困难面前不逃避、不推诿，有什么问题就解决什么问题，在攻坚啃硬中增长才干、练就本领。要争当奋斗先锋。要努力"敢为人先，创新不止"，不断探索新方法新路径，做广东石油转型发展的开拓者和奋进者，担当尽责，建功立业，在能源保供、新能源建设、数智化应用、车生态打造等工作中发挥青年生力军和智囊团的作用，创造出无悔于青春的业绩。

（三）要做勇担当善作为的人

一切幸福都是奋斗出来的。广东石油青年要把奋斗作为青春最亮丽的底色，敢闯敢干、善作善成。要爱岗敬业。坚持最高标准、最严要求，办每件事情都要自我加压，把"最好"作为目标，严谨细致对待每个环节，精益求精做好各项工作。看准认定的正确的事，就大胆地干、坚决地干，排除万难、干就干成。要持之以恒。始终坚持思想不松、目标不变、标准不降，坚持干一件是一件、干一件成一件。我们要清楚认识到，提升广东石油的核心竞争力没有任何捷径可言，只有我们每一个人，一步一个脚印夯实基础、深入挖潜，将自有条件发挥到极致，才能锻造一支能打胜仗的人才队伍，才能有效应对当前复杂的市场竞争，实现企业高质量发展。近两年，广东石油通过加大年轻干部培养选拔力度、突出人岗匹配、打造实战平台等一系列措施，激励引导干部员工担当作为。希望青年人务实肯干，尽快成长，工作领域独当一面。各级党组织要站在广东石油事业后继有人的战略高度，关心关爱青年同志，对优秀年轻同志要压担子、促成长，跟踪培养。

（四）要做知敬畏守底线的人

青年处在人生价值观形成和确立的关键时期，人生的扣子从一开始就要扣好。要永葆敬畏之心。心有所畏，方能言有所戒、行有所止。在成才成长道路上，要始终把纪律和规矩挺在前面，始终敬畏组织、敬畏群众、敬畏法纪、敬畏责任，弄明白哪些事能做、哪些事不能做，自觉在法纪约束、制定规定下履行职责、开展工作。要常怀律己之心。一时的自律容易，一世的自律很难。要在常和长上下功夫，从不熬夜、不拖沓、不抱怨做起，锻炼身体、合理饮食、认真工作严起，管好自己的时间、精力、健康，用自律的苦酿成人生的甜。要坚守廉洁之心。一旦因贪腐"越线"，人生就会"清零"。要算好政治账、经济账、家庭账、亲情账、自由账，时刻保持清醒头脑，自觉远离和抵制各种诱惑，坚决守住做人、处事、交友的底线，光明磊落走好人生路。

同志们、青年朋友们！奋斗成就伟大梦想，实干创造美好未来！百年征程再启航，让我们紧密团结在以习近平同志为核心的党中央周围，不断增强志气、骨气和底气，不负时代、不负韶华，在推进广东石油高质量发展的赛道上奋力奔跑，以优异成绩迎接党的二十大胜利召开！

百年奋进路　青春正当时

戴　锭

（2022年6月16日）

2022年5月10日，庆祝中国共产主义青年团成立100周年大会在北京人民大会堂隆重举行。中共中央总书记、国家主席、中央军委主席习近平在会上发表重要讲话时强调，实现中国梦是一场历史接力赛，当代青年要在实现民族复兴的赛道上奋勇争先。

5月31日，集团公司党组召开学习贯彻习近平总书记在庆祝中国共产主义青年团成立100周年大会上重要讲话精神座谈会暨青年精神素养提升工程部署会，集团公司党组书记、董事长马永生强调，要以习近平总书记重要讲话精神为指导，建功新时代，奋进新征程，不断开创共青团和青年工作新局面。

今天，我和团员青年一起，再次深入学习习近平总书记在庆祝中国共产主义青年团成立100周年大会上的重要讲话精神以及集团公司青年精神素养提升工程部署会精神，重温百年共青团的发展历程，凝聚"百年心向党 奋进新征程"的智慧和力量。

习近平总书记说过，青年兴则国家兴，青年强则国家强。实现中华民族伟大复兴的中国梦，是党和国家工作的大局，也是中国青年运动的时代主题。作为新时代的青年，大家要担起这伟大

牢记嘱托·砥砺奋进

北京化工研究院党委书记、副院长戴铤为团员青年讲授主题团课

的重任,在实现中华民族伟大复兴的新征程上,勇挑重担、勇克难关、勇斗风险,勇立时代潮头,争做时代先锋。作为北京化工研究院的青年,大家要接过老一辈科研工作者的接力棒,始终坚持"四个面向",聚力攻关关键核心技术,为实现高水平科技自立自强贡献青春力量。

下面,围绕强化青年担当,我讲四点意见。

一要坚定理想信念,感党恩、念党情、跟党走

习近平总书记指出"新时代中国青年要树立对马克思主义的信仰、对中国特色社会主义的信念、对中华民族伟大复兴中国梦的信心。"在64年的奋斗历程中,一代代北化院人时刻听从党的召唤,服务人民需要，始终把发展石化工业作为践行初心使命的努力方向和伟大追求。北化院成立之初，按照中央的部署和周恩来总理的指示，在条件极其简陋的情况下，成功研制出我国第一代运载火箭的高能燃料——偏二甲肼，助力第一颗人造卫星"东方红一号"发射成功。作为新时代的青年大家要自觉传承北化院的红色基因，要坚持理论学习，把马克思主义理论作为必修课，深入学习习近平新时代中国特色社会主义思想，筑牢信仰根基；要把坚决做到"两个维护"、在实现第二个百年奋斗目标的新征程中不负青春多做贡献作为根本政治担当；要学会用历史眼光审视中国和世界，透过当前国际国内复杂现象看本质，坚定跟党走的信念。

二要高举爱国主义伟大旗帜，谱写新时代青年爱国乐章

习近平总书记指出"对新时代中国青年来说，热爱祖国是立身之本、成才之基。"作为新时代的科技工作者更要大力弘扬胸怀祖国、服务人民的爱国精神。科学无国界，科学家有祖国。回望历史，钱学森、钱三强、邓稼先等老一辈科学家，都是爱国科学家的典范。几代北化院人同样胸怀爱国之志，努力实现科技报国。毛炳权院士主持研发的新型高效聚丙烯 N 催化剂，打破国外技术垄断，使我国聚丙烯技术跃居世界领先地位，为我们做出了榜样。观照现实，爱国依旧是时代的最强音，科技自立自强作为国家发展的战略支撑，需要广大科技工作者勇担使命。展望未来，大家要心怀"国之大者"，坚持守正创新，主动担当作为，以国家需要作为个人发展选择的度量衡，服务国家发展战略，争做科技创新的引领者与奋斗者，以科

技创新赋能强国征程。

三要担当时代责任，练就过硬本领为青春"增值"

习近平总书记强调"新时代中国青年要珍惜这个时代、担负时代使命，在担当中历练，在尽责中成长。"作为新时代科研青年，大家的时代使命就是科技创新。我们要牢牢把握建设世界科技强国的战略目标，以只争朝夕的使命感、责任感、紧迫感，努力在原始创新上取得新突破，在重要科技领域实现跨越发展，推动关键核心技术自主可控，加强创新链产业链融合。习近平总书记在视察胜利油田时特别强调，"能源的饭碗必须端在自己手里"。北化院提出要成为能源安全的坚强保障力量，加大新能源技术研发与成果转化力度，推动传统能源与新能源协同发展，力争在新能源领域形成示范引领技术；要成为产业升级的高效支撑力量，大力开发基于裂解技术的炼化一体化新工艺新技术，加快高附加值、高技术壁垒新材料的开发应用，支撑炼化企业转型升级，推动化工和新材料领域高质量发展；要成为自主创新的可靠中坚力量，加快提升自主创新能力，开发独创独有技术，发挥"大兵团""产业链"攻关合力，以最快速度攻克关键核心技术，这都需要青年发挥生力军作用，激发创新活力，勇于求实探索，在科技创新的最前沿建功立业。

四要练就过硬本领，为建设科技强国贡献青春力量

青年是人生成长的重要时期，也是苦练本领、增长才干的黄金时期。党的十八大以来，以习近平同志为核心的党中央高度重视科

技创新工作，坚持把创新作为引领发展的第一动力，我国科技创新取得新的历史性成就。新时代，广大青年科技工作者积极参与国家重大科研项目，接受科研锻炼，奋力奔跑在科研路上。我院VD21项目党员突击队，与团队所有成员一起经过220天连续奋战，圆满完成阶段性任务，为保障人民生命健康贡献了力量。疫情期间，我院一支平均年龄32岁、入职平均仅4年的青年组成突击队，逆行奔赴天津支持科学试验基地建设，用两个月的异地坚守，当先锋、打头阵、攻难关。大家要像他们一样，担负起时代赋予的使命，瞄准世界科技前沿和国家重大需求，聚焦专业领域，潜心科研攻关，勇攀科技高峰，担负起新时代的历史重任。

  新时代是实现中华民族伟大复兴中国梦的最关键时期，青年既是追梦者，也是圆梦人。追梦需要激情和理想，圆梦需要奋斗和奉献。让我们在实现高水平科技自立自强的伟大实践中担当作为，磨砺成长，为建设社会主义现代化强国、实现中华民族伟大复兴的中国梦接续奋斗、勇毅前行，谱写出新时代最壮美的青春篇章！

传承石油精神、弘扬石化传统讲稿

传承光荣传统　提升精神素养

张玉春

（2022年7月15日）

以习近平同志为核心的党中央始终高度重视青年、深情关爱青年，寄语新时代中国青年"不断增强做中国人的志气、骨气、底气"，为青年成长成才提供了根本遵循。按照集团公司团委开展青年精神素养提升工程有关工作安排，今天，我很高兴把个人对"传承光荣传统，提升精神素养"的一些思考与大家分享。

我从小生长在大庆油田，上初中时随父母参加江汉油田会战。虽然我没有参加过大庆油田会战，但我是住着干打垒、吃着窝窝头长大的，目睹了我的父母和那一代石油人克服三年自然灾害时期的极端困难，"头顶蓝天、脚踏荒原"战天斗地的风采。后来我在江汉油田工作了30多年，在国际勘探开发公司、江西石油公司、化工销售公司也工作过多年。我是一直在石油精神、石化传统的激励和感染下工作和生活的。我对石油精神和石化传统有着特殊的感悟。一方面，我在工作中积极践行石油精神、石化传统；另一方面我在业余时间收集了4000多种石油精神、石化传统的资料和物品。我

化工销售公司原党委书记张玉春给团员青年讲授青年精神素养提升主题团课

还向石油大学（华东）、大庆陈列馆捐献千余件石油精神、石化传统的藏品。长江出版社、中国石化出版社还出版了我编著的《永恒的石油魂》一书。与此同时，我坚持认真学习石油精神和石化传统的内涵，不断提升和加强了自己的认识和体会。

一、深刻理解石油精神、石化传统的重要价值

1. 石油精神、石化传统的物质价值

新中国刚成立时，我们的原油产量只有12万吨；到了新中国成立14年后的1963年，也就是大庆石油会战结束时，我们的原油产量已经达到了686万吨，中国甩掉了"贫油国"的帽子；到了1978年，原油产量达到了1亿吨，进入了世界产油国的前列；2019年新中国成立70周年，我国原油产量1.9亿吨，位居世界前列。

炼油方面，新中国刚成立时，我国原油炼制能力19万吨，成品油几乎靠进口。1963年我国炼油能力达到200多万吨，许多成品油我们可以自己加工，1999年我们中国石化进入世界500强，炼油能力达到1.3亿吨，茂名石化炼油能力1350万吨，成为全国最大的炼油企业。2019年中国石化炼油能力达4.7亿吨，名列世界第二。所以我们说，正是在石油精神、石化传统的鼓舞和激励下，我们石油石化才实现了跨越式的巨变，为祖国的经济发展和人民生活水平的提高作出了巨大的贡献。

2. 石油精神、石化传统的精神价值

几十年来，石油精神、石化传统已经成为中国石化干部员工不断前行的精神动力源。在这种精神的鼓舞下，我们中国石化造就了一支锐意进取、攻坚克难的员工队伍，塑造了一大批优秀典型和模范人物，产生了许多爱岗敬业、可歌可泣的事迹……这些来自我们身边的人物和事迹，始终鼓舞着我们勇担使命、奋勇前行。

3. 石油精神、石化传统的管理价值

概括地讲，石油精神、石化传统的管理价值，就是以"三老四严""精细严谨"为核心的岗位责任制以及"三基"工作。这部分内容为我们企业管理的提升奠定了坚实的基础。

落实"岗位责任制"，一级抓一级、人人抓落实，每年都要以问题为导向开展"岗位责任制"大检查，有效提升了企业管理水平。"三基"工作，是指以党支部建设为核心的基层建设，以岗位责任制为中心的基础工作，以岗位练兵为主要内容的基本功训练。几十年来，我们很多企业一直将其作为重要的管理举措，这已经成为我们企业管理的重要基石。

4. 石油精神、石化传统的文化价值

从文化角度来讲，一方面，石油精神、石化传统的内涵已经融入了我们的企业文化，并对企业文化建设进行了重要的丰富和完善。比如企业制度、员工行为规范、文化理念、logo 标识等方面。另一方面，我们许多的集体和个人英模事迹也为我们的文化事业提供了大量生动的素材，比如影视、音乐、文学、美术等方面。有一首歌曲相信大家都很熟悉，《我为祖国献石油》，从 50 年代唱到现在，经久不衰，百唱不厌。可以说，以这首歌为代表的大量文化作品，把我们石油精神、石化传统的文化价值体现得淋漓尽致，也让这种精神得到了更为广泛的传播，绽放出更为耀眼夺目的光芒。

二、老一代石油石化人发扬传承石油精神和弘扬石化传统的事迹

多年来，中国石化各单位、各级党团组织围绕石油精神、石化传统，坚定不移地常态化开展传承光荣传统教育和思想引领。同时，广大干部员工也始终积极践行和发扬光荣传统，让传承石油精神、弘扬石化传统成为我们石化人广泛的思想自觉、行动自觉。

1. 在生产经营上事争第一

1995 年我任江汉油田清河采油厂党委书记时，那年的大年初一是我在那里过的第一个春节，当天正好发生了一起输油管线漏油事

故。这起事故不仅影响我们的正常生产，更会对环境造成严重污染。面对危急情况，我和厂长立即组织100余名干部员工赶赴现场抢修漏油管线。大年初一，本该是万家团圆的日子，但是我们的干部员工毅然决然放弃了在家团聚、休息的时间，克服了现场恶劣的环境和简陋的条件，第一时间完成了抢修任务，并一起过了个永远难忘的春节。这次在工地上和大家一起抢修、过年的经历，让我十分感动、感慨；即便过去了快30年，每当我回想起来，都还记忆犹新、历历在目。正是这样一批甘于奉献、攻坚克难的干部员工，为采油厂连续多年完成原油生产任务和经营指标提供了坚实保障。

2. 在管理上精细严谨

江汉油田江汉采油厂五七作业区王一注水站曾经的老站长刘世杰，从1973年任站长开始，兢兢业业履职尽责25年一直到退休。注水站是一级防火、甲级防爆站。刘世杰始终坚持"严"字当头、细处入手，运用现代管理手段和常规管理准则，带领员工管理注水站连续25年安全生产无事故。该站先后6次被集团公司评为五星级井站，还被评为全国先进班组。他本人也获得了全国五一劳动奖章。

3. 在科技创新上奋勇攻关

一方面，以闵恩泽、陈俊武为代表的专家和科研人员，在科研领域耕耘几十年，为中国石化多次实现重大技术项目的攻关与突破做出了贡献。另一方面，广大干部员工也在生产管理岗位上不断开展技术革新与发明，取得了令人振奋的成绩。胜利油田东辛采油厂采油高级技师代旭升，把自己的心血和智慧全部倾注到技术创新和攻关上，先后完成获奖成果92项，获国家科技进步二等奖一项，获国家专利2项，解决了一大批油田生产的关键技术难题。他本人也获得了中国发明创业奖，2017中国年度十大工匠称号。荆门石化仪表维修高级技师侯振林，三十多年来先后独立主持和参与了60余项仪表技术攻关，并作为专家先后到6个石化兄弟企业指导新装置开工和改扩建开工，多次解决了开工中各类仪表难题，后来也被评为了全国劳动模范、中国石化技能大师。

三、当代石化青年应当继承发扬光荣传统，有志气、有骨气、有底气、有追求、有作为，为中国石化再创辉煌绽放青春风采

1. 要有认同感

认同是行动的基础。大多数青年认同我们的光荣传统，但也有些青年有些纠结，他们认为时代不同了，条件不一样了，老的精神与传统不一定有现实意义。实际上光荣传统不仅有历史意义，而且具有现实意义。光荣传统是我们的"传家宝"，有着强大的生命力。比如说光荣传统具有民族化、现代化、国际化的特征。所谓民族化就是中国人民有"中华儿女多奇志，敢教日月换新天"的骨气，有敢于挑战不可能的志气，有勤劳、朴实、智慧的底气。所谓现代化就是科技兴企，科技兴国。在光荣传统的价值中，我们讲到了闵恩泽、陈俊武等先进模范，也讲到了科技创新的实践与成果。所谓国际化就是诚信共享。我们的"三老四严"就是诚信。我们共享就是走向国际市场，在资金、设备、信息、人才等方面与世界各国交流

共享。特别是改革开放,以及实施"一带一路"倡议以来,我们中国石化在国际市场上取得了骄人的业绩。

2. 要有责任感

我们应当对企业、对祖国、对青春负责,把追求的坐标定在岗位上,尽职尽责,有所作为。一方面,要发扬艰苦奋斗的精神,苦干实干;另一方面,要发挥聪明才智,会干巧干,在技术攻关创新上显身手。我们的时代是信息时代,是科技日新月异的时代,新技术不断涌现,智能化不断拓展。所以我们青年一代一定要在科技攻关和创新上下功夫,求实效。首先就是要有不达目的不罢休的追求;其次要有毅力,不怕失败;再就是要善于钻研、勤于学习,有过硬的基本功。同时,我们的单位和组织要给予大力支持。

3. 要有紧迫感

岁月似光阴,时间如流水。人生是有限的,青春时光是美好的,也是短暂的。我们要珍惜青春,时不我待。要坚持学习思考的习惯,永葆开拓创新的心态,用行动展示出我们青春的光彩,作出我们青年的贡献,体现我们青年的价值。

在传承光荣传统,提升精神素养中应当重视几个问题。一是注重常态自律。避免想起来就抓一抓,忙起来就放到了一边。要做到常态自律就应当把光荣传统的内容融入日常的管理制度和行为规范当中;就应当经常对标英模人物的事迹,想想他们我们就没有克服不了的困难,没有做不好的工作;就应当有"一日三省吾身"的姿态,经常想一想和老一辈石油石化人相比,我们多了些什么?少了些什么？我们应当补充些什么？二是注重形式多样。要针对青年的特点，开展小型多样，喜闻乐见的教育与活动，增强工作的吸引力和实效性。三是注重关心青年。关爱员工也是我们石油石化的光荣传统，对青年取得成绩有赞扬，遇到困难有慰问，遭遇挫折有鼓励，出现疑惑有引导。现在的青年生活与工作环境与过去大不一样了。一方面鼓励他们要继续发扬艰苦奋斗、不怕困难的精神；另一方面在成长进步和工作生活上给予关心，把温暖送到青年的心坎上，让青年在我们企业里有干头、有甜头、有奔头。

石油战线始终是共和国改革发展的一面旗帜 要继续举好这面旗帜

俞明康

（2022 年 8 月 23 日）

我曾经也是大庆团委的负责干部。对共青团来说，我尽管离开很久了，但对它仍怀着与大家同样的情感。石油石化战线经过几代人的奋斗，为青年一代积累了丰富的经验、智慧以及伟大精神。这是一块产生了中华民族伟大精神和新时代党的精神的土地，是一块培养英雄的土地。怎样把这些重要的存量资产转化为青年一代的优势和核心竞争力？今天我们从回望历史的角度来思考一下这方面内容，希望对大家有所帮助。

建党百年，党中央把大庆精神纳入以建党精神为源头的中国共产党人精神谱系。习近平总书记视察胜利油田时指出："石油战线始终是共和国改革发展的一面旗帜，要继续举好这面旗帜，在确保国家能源安全、保障经济社会发展上再立新功、再创佳绩。"

新时代党中央对石油战线的肯定，在高度、深度和频率上都是前所未有的，继续举好这面旗帜既是党中央的要求，也是每一代石油人的神圣责任。

中国石化原思想政治工作部副主任、直属党委副书记俞明康为驻沪企业青年讲授精神素养提升工程主题团课

一、历史把石油石化推到了社会主义建设的舞台中央

习近平总书记在大庆50周年大会代表党中央肯定石油的奋斗历史时指出,"在国家经历困难考验的时期有力地支撑了我国工业体系和国民经济体系的运转"。

石油石化工业是与国民经济和人民群众联系最为紧密的一个行业。石油精神就是在极其险峻的环境和不利情况下,迎难而上、执着顽强、勇于担当和斗争、敢于胜利的脊梁精神。

历史上,石油石化工业在国家民族大事、难事、关键事上攻坚克难主要有5个方面:

(1)50年代末60年代初,国家经历了严重困难,大庆油田的成功开发从精神与物质上，成功化解了我们党建国后第一次执政困境，破解了外部势力对我国的能源封锁，有力回击了各种势力对新中国建设能力的质疑，为我们党领导工业化建设提供宝贵经验。

（2）60年代石油战线在"文革"中力挽狂澜，在煤炭供应危机中，对面临停水停电停交通，钢水即将凝固在炉子里的重工业城市，累计输送了一亿吨原油做燃料，支撑了濒于崩溃的国民经济。

（3）70年代中后期，石油每年出口3000万吨，为国家改革开放和现代化起步提供了重要的外汇资金，为引进宝钢、煤炭100套大型综采机械化设备和4套30万吨乙烯装置等重大装备提供了外汇支撑，为完善国家工业体系，弥补国民经济重要短板奠定了基础。

（4）80年代后石油化工四套大乙烯克服重重困难，充分利用改革开放的有利条件相继胜利投产，为改善民生、取消布票粮票、带动相关产业发展和国家经济腾飞、巩固党的执政地位、体现社会主义制度的优越性做出了贡献。

（5）新世纪冲破金融危机，中国石油、中国石化、中海油没有把原油价格与国际接轨，贴补市场1680亿元，保障了广大中小企业顺利渡过难关，再立新功。

石油精神是改变了历史的精神。大庆油田的成功开发是中国共产党领导工业化打的第一个胜仗，改变了世界石油工业格局和新中国经济发展的进程。习近平总书记在大庆50周年大会上指出：

"大庆油田的开发建设,形成了符合油田实际、具有自身特点的管理模式和管理经验,以此为基础陆续开发了胜利、大港、辽河等油田,走出了一条独立自主、生机勃勃的中国特色石油工业发展之路,为探索中国特色的新型工业化道路提供了重要的实践基础和宝贵经验。"

习近平总书记指出:"大庆精神、铁人精神已经成为中华民族伟大精神的重要组成部分,永远是激励中国人民不畏艰难、勇往直前的宝贵精神财富。"

二、认识石油精神的三个主要维度

石油艰苦创业的历程,也是不断培育形成它伟大精神的历程。历史融进了精神,精神镌刻着历史。

对规律和经验的判断,需要更长线的历史观察和判断。虽然很多事要靠经历来感悟,但有些事一旦经历就无法重来。学习历史经验就格外重要。

石油精神的内涵是多维度,追溯这面旗帜的形成历史,不还原看不清根本,不抽象不能深入,拉长了看,能更清晰认识:过去我们为什么能成功,未来我们怎样才能继续成功。

1. 来源于中国人民解放军的优良传统和作风

1949年9月25日,中国人民解放军一野三军接管玉门油田,康世恩同志任军事总代表。从此开启新中国石油和炼油工业新的一页。

西北野战军总司令彭德怀同志,用警卫员打来的野鸡和白菜豆腐，宴请护矿有功的玉门油矿高管和高级技术人员，见过国民党高官排场的高级知识分子看到彭老总艰苦朴素的作风，不禁感慨地说："看来，国民党不垮台是天地不容啊！"石油人上的第一课：艰苦奋斗、以身作则的优良传统是彭老总给我们上的。

军队是迄今为止最有效率的组织，军队的管理思想和管理方法，契合现代工业要求。突出的特点是：事事、时时、处处、人人讲作风。"当老实人，说老实话，办老实事。严格的要求，严密的组织，严肃的态度，严明的纪律。对待工作要做到，黑天和白天一个样；坏天气和好天气一个样；领导不在场和领导在场一个样；没有人检查和有人检查一个样。""三老四严""四个一样"出现在石油战线，是人民解放军优良传统与石油工业实践相结合的产物。

2. 来源于党的优良传统和作风

大庆创业的成功首先是传承了党的思想理论基础。大庆会战的第一个文件是"学两论"，成功选择了发展的思想资源，选准了起步的科学路径，为实践活动提供了科学的思想方法。

《矛盾论》——找到工作切入点，在诸多矛盾、现象、问题中抓住主要矛盾。

《实践论》——形成正确认识的科学途径，实践认识再实践再认识。

学习"两论"是按照科学办事的教育。用哲学的光芒，让我们走出认知的扭曲场，开启了运用科学的认识论方法论思考和工作的氛围，避免了盲目、过热、蛮干；变盲目为理性，变过热为冷静，变认识现象为认识本质，变未经实践检验为一切要经过试验，走上科学发展道路。

用"两论"大规模提高群体的思维水平是前所未有的，同时，高度重视概括总结实践活动，是大庆成功的重要原因之一。

大庆创业鲜明地传承党的群众路线，依靠全体员工办好企业。好的工作局面，取决于好的行为增加的数量，把千千万万的事与千千万万的人联系起来；工作重点着眼于群众。大庆会战贯彻政治、生产技术、经济三大民主，广泛搭建让员工参与管理的平台，通过"五级三结合会议""合理化建议活动""地下形势分析会""比学赶帮超活动"等，把员工前所未有地组织动员起来。让每个人都感受到自己是企业的主人，站在管理者的角度思考问题，看到自己在整体战略、规划中所处位置，关联和影响。

3. 来源于石油工业艰苦创业的奋斗实践

石油精神和办企业道路有着共同的特点，它不是简单延续教科书的母版、套用专家设想的模板，也不是国外企业的翻版，是用中国的命题，研究解决中国的问题；而不是用西方的理论，研究中国的问题。以王进喜名字命名的精神，已经超出名字本身意义，它反映着这个时代的光芒。

三、贯彻党中央要求，传承弘扬大庆精神的几点认识

1. 搞清楚过去我们为什么能够成功，弄明白未来我们怎样才能继续成功

首先要把习近平总书记肯定的"为探索中国特色的新型工业化

道路提供了重要的实践基础和宝贵经验"搞清楚，贯彻"守正创新"要求，"坚持好、运用好贯穿其中的立场观点方法"，原原本本学习原始资料，从案例到本质和规律，避免以口号替代内容。

其次传承是现代认知对前辈实践认知的消化与创新，是历史智慧外延的拓展，是举一反三的艺术，对历史的研究能力以及对它成果的运用，是我们发展能力的重要组成部分。避免重要经验被发现、被忘却，被重新发现、又被重新忘却，学习历史是把握这个环节的重要环节。

2. 辩证处理变与不变的关系

未来唯一可以确定的就是不确定，我们正是以确定对冲不确定。邓小平同志在改革中提出"四项基本原则"不能变，保障了14亿人口体量的大国转型改革，揭示了对根基的坚持与维护的重要性。

历史不会重复，但它会押韵自己，对现实有巨大的投影。很难有放之四海而皆准、符合所有历史时期和状况的经验，但恰恰是这种不确定性，召唤每一个时代的人们，在新的历史情境下，不断重返历史，探索隐伏其中的理性和智慧，重塑认知，思索实践与发展的走向。没有传承就没有基础，走不远；没有精神也走不远。

3. 学大庆要学根本

精神的东西不会自己降临于我们，我们必须上升到它的高度。大庆精神，融伟大于平凡，涵真理于实践，需要我们有相应的内涵与其相接应，把隐伏其中的本质规律概括、总结出来。理解一个事物有时恰恰要从这个事物之外着手。

真正落实建党百年提出的："把历史进程中积累的强大能量充分爆发出来，焕发出前所未有的历史主动精神、历史创造精神，信心百倍地去书写着新时代中国发展的伟大历史。"

4. 举旗建魂，迎战"世界之变、时代之变、历史之变"

习近平总书记在视察胜利油田时提出了能源资源安全问题，"石油能源建设对我们国家意义重大……能源的饭碗必须端在自己手里。"

石油石化有波澜壮阔的历史；有丰富的精神物质资源；有与国民经济和人民群众生活密切相关的巨大工作舞台；有培养英雄的土壤。在新发展格局中，我们要充分发挥大庆精神的比较优势，对石油精神和优良传统我们不能健忘失忆；对中国特色石油工业发展道路和经验不能健忘失忆。

创业者的艰辛和付出，今天仍然震撼着我们的心灵，他们用生命、激情和信仰的力量，让我们在心血凝结的辉煌中领悟对今天的启迪。

今天，我们传承了什么，坚持了什么，丢掉了什么？我们不能没有思考。面对问题和差距，我们不能反应迟钝，行动缓慢，作风疲软。有这样的历史清醒，就能牢记嘱托，再立新功，再创佳绩！

以青春之我　谱写中国式现代化石化新篇章

罗爱民

（2022年10月28日）

党的二十大号召全党同志务必不忘初心、牢记使命，务必谦虚谨慎、艰苦奋斗，务必敢于斗争、善于斗争。强调要团结奋斗，全力战胜前进道路上的各种困难和挑战，依靠顽强斗争打开事业新天地。

2022年7月，集团公司党组书记、董事长马永生在集团公司中青年干部培训班上授课时，强调"建设具有强大战略支撑力、强大民生保障力、强大精神感召力的中国石化"是公司的新使命，是贯彻落实习近平总书记视察胜利油田重要指示精神的有力举措。年轻干部要在强化战略支撑力上担当作为，在保障国家能源安全、引领我国石化工业高质量发展、担当国家战略科技力量中勇挑重担，在服务构建新发展格局、推进高质量发展上走在前作表率，为党和国家支撑托底、稳盘固局。在强化民生保障力上担当作为，为党和人民创造更多财富，为社会提供更多优质公共产品，积极承担政治责任，投身社会公益事业，在满足人民美好生活需要、促进共同富裕上走在前作表率，以"党和人民好企业"的形象走进千家万户。在强化精神感召力上担当作为，增强历史方位感、

巴陵石化高级专家罗爱民给青年讲授团课

政治责任感,在弘扬伟大建党精神和优良革命传统、向社会广泛传递正能量上走在前作表率,为社会主义现代化建设注入更多精神力量。在2023年1月12日集团工作会议上,马永生进一步要求广大石化干部员工要以新担当扛起新使命,以新作为奋进新征程,凝心聚力推动高质量发展,满怀信心谱写中国式现代化石化新篇章。

党的二十大的号召和集团党组的一系列要求,为广大石化青年员工奋进新征程、建功新时代吹响了冲锋号,发出了动员令。青年员工要以青春之我,传承石油精神、弘扬石化传统,奋力谱写中国式现代化石化新篇章。

一、谱写中国式现代化石化新篇章，要求广大青年传承"苦干实干、三老四严"的红色基因

我国石油石化工业的发展史，既是一部艰苦创业史，也是一部石油精神、石化传统的传承史。1944年5月毛泽东为时任延长石油厂厂长陈振夏题词："埋头苦干——为陈振夏同志书"。"埋头苦干"从此成为我国石油石化人的鲜明底色。解放初期，石油工程第一师近8000名指战员投身共和国的石油工业建设事业，将部队的传统和作风深深融入石油工人的血脉，成为石油精神、石化传统的重要源头。从此，一代代石油石化人高唱"我为祖国献石油"的主旋律，锻造了"苦干实干、三老四严"为核心的石油精神，靠着"有条件要上，没有条件创造条件也要上""石油工人一声吼，地球也要抖三抖"那股劲，彻底改变了中国石油石化工业的落后面貌。

谱写中国式现代化石化新篇章，要求广大青年传承红色基因，鼓足"革命加拼命"的干劲。当前，巴陵石化迎来了难得的重要战略机遇期，已内酰胺搬迁转型升级项目正在攻坚阶段，岳阳地区炼化一体化项目即将落地，广大青年员工唯有传承建厂初期"2348"工地上"小雨当晴天，大雨不停干，晴天拼命干"的奋斗精神，学习镇海炼化"白天现场、晚上会场"的奋斗干劲，才能跑出加速度，打出漂亮仗。

二、谱写中国式现代化石化新篇章，要求广大青年涵养"爱我中华、振兴石化"的家国情怀

1983年中国石化总公司成立后，唱响"爱我中华，振兴石化"

主旋律，实施了振兴石化的"三大战役"，建成一大批技术先进的大炼油、大乙烯、大化肥、大化纤工程，奠定了我国现代石化工业发展的基础，大大增强了我国石化工业的综合实力和核心竞争力。

在振兴石化"三大战役"中，党员义务劳动、青年突击队、"我为重点工程献青春"等活动在各大工地蓬勃开展，确保了项目建设的安全、质量和工期。在大庆乙烯建设工地，石化建设"铁军"不分昼夜，加班苦干，仅用13天拿下了在印度安装1台就需要45天、在联邦德国也要15天的4台铝镁仓装置，让当时跟中国工人赌了一瓶茅台酒的联邦德国专家钦佩地竖起了大拇指，连连称赞"奇迹，了不起！"在齐鲁乙烯工地上，建设者们只用6个月时间完成了3年工作量的万米乙烯管廊工程；在扬子乙烯二期工程建设中，54对青年男女为了大芳烃顺利开车，主动推迟了婚期；在上海乙烯因资金短缺面临停工危机时，石化四小的少先队员们拎着一塑料袋压岁钱零花钱来了，退休干部把家中多年的积蓄寄来了，有的职工把献血的营养费送来了，公安干警、科技人员，甚至待业青年都纷纷解囊相助，虽然筹集的1200万元只占建设所需资金的1.5%，但它所表达的石化职工对石化事业的忠诚与支持、为祖国建设无私奉献的家国情怀，却是无法估价的！当年《人民日报》刊发《200万吨乙烯的战歌——我国石化工业建设纪实》长篇通讯，展示了广大石化职工苦干实干、"爱我中华 振兴石化"的动人历史画卷。

谱写中国式现代化石化新篇章，要求广大青年进一步增强责任感、使命感、荣誉感，强化产业报国的家国情怀。青春因梦想而绚丽，广大石化青年要立志做一个有追求的人，把自己的理想抱负融入建设中国式现代化、实现中华民族伟大复兴的时代潮流，在"全面推进高质量发展，加快建设世界一流企业、走向世界领先"的新任务中找准定位，敢于有梦、勇于追梦、勤于圆梦，用梦想鼓足青春远航的风帆。

三、谱写中国式现代化石化新篇章，要求广大青年锤炼"求真务实、精细严谨"的优秀品格

进入新的世纪，中国石化始终心怀"国之大者"，深入贯彻新发展理念，全方位推进高质量发展，产业结构布局持续优化，企业规模实力持续壮大，引领我国石化工业发生了翻天覆地的变化。目前，已建成15个千万吨级炼油基地、8个百万吨级乙烯基地，炼油能力跃居世界第一，乙烯产能跃居世界第二，成为世界第一大炼油公司和第二大化工公司，我国最大的成品油和石化产品供应商。

这些成就来源于一代代石化人始终秉持求真务实的科学态度，来源于一代代石化人始终坚守精细严谨的优秀品格。在工作中尊重规律、实事求是，坚持高标准、严要求，形成了"严从细中来，实在严中求""宁要一个过得硬，不要九十九个过得去"等优良作风。20世纪60年代，我国炼油工业催开"五朵金花"，扫清了炼油工业大发展的关键技术障碍。80年代，中国石化研发出常压重油催化裂化、缓和加氢裂化、催化裂解、乙烯裂解炉新"四朵金花"，

一举把我国炼化技术推向新的阶段。正是闵恩泽、陈俊武等为代表的一大批中国石化人，求真务实、孜孜以求，攻克了这些石油化工系列"卡脖子"技术，为中国石化转型升级、创新发展提供了有力支撑。

谱写中国式现代化石化新篇章，更加需要广大青年用求真务实的科学态度，坚持"生产上精耕细作、经营上精打细算、管理上精雕细刻、操作上精益求精"，把精细严谨培养成工作标准、职业操守和队伍作风，才能扛稳"三大核心职责"，担当起"打造具有强大三力的中国石化"的新使命。

习近平总书记指出，我们这一代人，继承了前人的事业，进行着今天的奋斗，更要开辟明天的道路。石油精神石化传统的丰厚滋养、新使命新任务的宏大实践，赋予了广大青年辽阔的思想疆域、宽广的干事舞台。我们要大力发扬石油石化光荣传统和优良作风，鼓足干劲，以青春之我，为奋力谱写中国式现代化石化新篇章作出更大贡献。

继承优良传统　赓续石化之歌

周国华

（2022年7月28日）

中国石油化工发展历程是一部可歌可泣，可以大书特书的光辉历程。以"苦干苦实、三老四严"为核心要义的优良传统是我们石化行业的"传家宝"，更是打造世界领先企业最深厚、最持久的精神力量，激励着一代又一代石化人在为美好生活加油的光荣使命中攻坚克难，勇毅前行。

作为年轻一代石油人，我们要以实际行动弘扬优良传统、赓续红色血脉、补足精神之钙，不断增强浙江石油青年的志气、骨气、底气，在青春的赛道上奋力奔跑，努力跑出浙江石油青年的最好成绩，赋予石油石化优良传统新的生命力。

一、不忘初心，砥砺前行的中国石化

1. 石油工业史的第一页

1952年8月1日，解放军第19军第57师近8000名将士改编为"中国石油师"，为建立一支具有严格组织纪律，高度奉献精神的石油产业大军奠定了坚实基础。石油产业大军80%来自部队，这也使这支队伍具有天然的思想作风基础，即讲组织、讲纪律、讲严格、讲态度，铁一般的纪律、铁一般的执行、铁一般的忠诚。

浙江石油专家周国华给青年讲授先辈创业史、石化发展史主题团课

与此同时,军人与工业化相结合的产物形成了"三老四严,四个一样"光荣传统。"三老四严,四个一样"是中国石化的根与魂,是石化精神的核心所在,它形成于石油工业艰难的创业初期,扎根于整个中国石化的发展进程,是我们弥足珍贵的传家宝。

2. 从贫油到石油大国

1958年,新中国诞生后的第一个五年计划揭榜。没完成计划的,只有石油部。彼时正值"冷战",西方国家用石油"窒息红色中国"。1959年9月26日,松嫩平原大同镇附近,一座名为"松基三井"的油井里喷射出黑色油流。当时正值新中国成立10周年,时任黑龙江省委书记欧阳钦提议将大同改为大庆,将大庆油田作为一份献给新中国的厚礼。此后,这个"工业学大庆"的"大庆"在新中国早期工业化建设中,成为一个独特的文化符号。

1960年2月,一场关系石油工业命运的石油会战,在大庆揭开了序幕。1952年奔赴祖国各方的石油师人,在大庆重新集结。20世纪60年代正值三年自然灾害时期,生产生活条件异常艰苦。数万石油大军挺进东北松嫩平原,克服无路、无粮、无房以及天灾人祸等重重困难,在松辽地区展开了艰苦卓绝的石油大会战。

1963年,全国原油产量达到648万吨。石油自给,在当时的时代环境下,极大地鼓舞了全国人民建设社会主义国家的信心和斗志。1978年,全国原油年加工能力已达9291万吨,基本上与原油生产规模相适应。至此以后,中国从"贫油"跃居世界产油大国的行列。

3. 管理体制改革

如果说,新中国成立后的前30年的中国石油石化工业,是一部浴血创业史,那么之后的30多年,石油石化工业逐步变身为一艘现代企业的航母,中国石化也继续书写了更加辉煌的发展历史。

1978年底,改革开放开始,石油工业的发展出现了前所未有的速度。中国原油产量巨增,但资源利用的效率却不高。由于分头管理,不能全面规划、充分利用。因此,要消除这些障碍,必须打破管理体制的分割状况。

中国石化是改革开放的产物。在改革开放背景下,中国石油化工行业要发展,就必然要实现由高度集中的计划经济管理体制,向社会主义市场经济体制的转变。1983年，党中央、国务院决定组建中国石油化工总公司，组织形式为部一级实体经济。1998年，中国石化又一次迎来了改革重要时刻。国务院决定实施石油石化战略大重组，原石油天然气总公司和石化总公司改组为两个大型石油石化集团公司。

4. 中国石化改制上市

1999年7月，中国石化启动整体重组和改制上市，集中主业和优质资产设立中国石油化工股份有限公司。2000年2月，石化集团公司独家发起设立的中国石油化工股份公司挂牌成立。同年10月，中国石化股票在纽约证券交易所挂牌交易。

改制上市后的中国石化，又开始布局补短板，向上游产业链进军，同时又十分重视科技兴企。2001年成功收购新星石化，2007年在四川盆地发现了又一个千亿立方米的气田——元坝气田，2020年成功触及非洲、南美、中东、亚太、俄罗斯—中亚、北美等油气富集区，同20多个国家合作开发50多个油气项目。2022年，中国石化拥有两院院士24人。在中国石化发展历史上，已经获得上百个国家科技发明奖、技术奖、进步奖等。

2013年，中国石化开始系统规划企业发展愿景，并对企业文化进行了系统阐述，在中国石化成立30周年座谈会上，提出"建设人民满意的世界一流能源化工公司"的发展目标；2018年，提出了"两个三年"和"两个十年"的奋斗目标，进一步明确了"打造世界一流能源化工公司"的各阶段目标；2020年，在中国石化年终工作会议上，提出了世界领先洁净能源化工公司的企业愿景。

二、勇立潮头，走在前列的浙江石油

浙江石油始建于1950年，前身为中国石油公司杭州支公司。70多年来，浙江石油从无到有、由弱到强，一路风雨、一路彩虹，在见证了浙江经济腾飞和中国石化发展的同时，也实现了自身的辉煌。

浙江石油是一家具有优良传承和优秀企业文化的企业。长期以来，公司一直奉行团结、担当、务实、创新的价值观。最近十几年来，一直是中国石化销售系统的标杆企业，综合竞争力、企业创效能力始终位列销售系统前列。

1. 加油站呈现几何数级飞速发展

1956年在宁波建成第一个加油站，1981年建成52座，1986年底达到122座。1997年加快零售网点建设，开展连锁经营，创"浙江石油"品牌，开始大力收购社会加油站，两年时间完成393座加油站的形象改造。2005年中国石化与英国BP公司合资的中国石化碧辟（浙江）石油有限公司合资公司正式运营，所属的188座加油站首先转入合资公司。2008年，在加油站开展非油品业务并创建易捷品牌，加快建设"汽车生活驿站"式综合服务体项目。截至2022年底，浙江石油加油站网点数量达2078座。

最近几年，浙江石油按照总部的总体布局，新建投产了一批加氢站、充电站、光伏站及综合站等。在改革的深水区，浙江石油谋篇布局，再创新高，实施"内涵发展＋转型升级"双轮驱动战略，推动企业率先打造"一流的综合能源服务商",连续2年创效突破40亿。

2. 油库面貌焕然一新

1950年,租用私商德生煤油号杭州小河仓库,用于堆存油料,是浙江省最早的油库。1958—1962年,先后建成温州状元桥油库、宁波三官堂油库、台州海门油库、金华古方油库、舟山港口浦油库以及杭州望江门桶装油品储存基地等一批骨干油库,拥有土油罐60座,容积13740立方米。1987—1991年,通过扩建、改造中转油库,增强中转吞吐能力,解决成品油中转困难;先后在舟山港口浦油库、嘉兴七星油库、苏台山油库、宁波三官堂油库、温州状元桥油库、金华古方油库进行改扩建油罐;同时对一些老油库进行了技术改造。2000年后,通过收购镇海油库(油罐容量19万立方米),新建萧山油库、丽水莲都油库等措施,扩大定位油库储存能力。2021年,全省有定位油库20座,总库容160万立方米。油库普遍具有吞吐量大、运力覆盖面广、信息化程度高等特点,整体面貌焕然一新。

3. 管道无私奉献

1998年上划中国石化后,浙江石油历经千辛万苦,先后筹建了镇杭管道、金嘉湖管道、甬绍金衢管道、甬台温管道、诸桐管道、绍杭管道等十几条管道,管道近1500公里,基本覆盖全省各地市。2020年7月,按照国家的整体部署,浙江省内公有成品油管道全部划归国家管网。浙江石油也为国家的成品油管道建设作出了很大的贡献。

三、牢记嘱托，再立新功，再创佳绩

2021年10月21日，习近平总书记在胜利油田考察调研时强调："石油能源建设对我们国家意义重大，中国作为制造业大国，要发展实体经济，能源的饭碗必须端在自己手里。"中国石化和浙江石油都是有着光荣传统和优秀文化的企业。沿着总书记指引的方向，作为年轻一代石油人，应该将自身融入企业，用奋斗创造美好。

1. 坚定理想信念

2022年5月，在庆祝中国共青团成立100周年大会上，习近平总书记说："志存高远方能登高望远，胸怀天下才可大展宏图。火热的青春，需要坚定的理想信念。理想指引人生方向，信念决定事业成败。"浙石青年要有自我超越的精神和激情，要有责任感、使命感、甘于奉献，要有大局意识、全局意识。

2. 树立正确的道德认知

2013年5月4日，习近平总书记在同各界优秀青年代表座谈时说："要牢记'从善如登，从恶如崩'的道理，始终保持积极的人生态度、良好的道德品质、健康的生活情趣。"道德之于个人、之于社会，都具有基础性意义，做人做事第一位的是崇德修身。在我们企业，用人标准为德才兼备、以德为先。

3. 养成终生学习的习惯

2014年5月4日，习近平总书记在同北京大学学生座谈时说："要勤学，下得苦功夫，求得真学问。"当前，中国石化正处于

转型发展、跨界发展的关键时期，新领域、新专业、新知识对我们每个人来说都是在同一起跑线上，我们只有不断学习钻研，不断更新知识，才能把握机遇，适应企业和社会飞速发展的节奏。

4. 善于明辨是非

"青年一时有些疑惑、彷徨、失落，是正常的人生经历。关键是要学会思考、善于分析、正确抉择，树立正确的世界观、人生观、价值观。人生的道路虽然漫长，但紧要处常常只有几步，特别是当人年轻的时候。"新时代的青年不要当精致的利己主义者，拒绝投机取巧，远离自作聪明，面对外部诱惑保持定力、严守规矩，用勤劳的双手和诚实的劳动创造美好生活。

5. 扎扎实实干事

青年是浙江石油改革发展事业的建设者和接班人，广大青年要鼓足"站排头、争第一"的闯劲拼劲干劲，扛起浙江石油"行业标杆、央企标杆"的时代重任，跑出最好成绩。

我们正处于快速变革创新的时代，有丰富多彩的机会，有展示自我的舞台和机遇，要通过自己的不断努力、忘我工作、甘于奉献，为社会、为企业创造更大的价值，担负起更大的责任，这样才无愧于这个伟大的时代、无愧于我们的事业、无愧于组织对我们的信任。

第二篇

过程推动篇

牢记嘱托·砥砺奋进

内 部

中国石油化工集团有限公司党建工作领导小组文件

中国石化党建〔2022〕1号

关于印发《中国石化青年精神素养提升工程实施方案》的通知

各直属单位党委、总部各部门党总支（支部）：

  在庆祝中国共产党成立100周年大会上，习近平总书记强调，新时代的中国青年要以实现中华民族伟大复兴为己任，不断增强做中国人的志气、骨气、底气，不负时代，不负韶华，不负党和人民的殷切期望。在庆祝中国共产主义青年团成立100周年大会上，习近平总书记再次强调，要引导广大青年在思想洗礼、在实践锻造中不断增强做中国人的志气、骨气、底气，让革命薪火代代相传。按照国资委党委整体部署，为持续深入贯彻落实习近平

— 1 —

关于印发《中国石化青年精神素养提升工程实施方案》的通知

各直属单位党委、总部各部门党总支（支部）：

在庆祝中国共产党成立100周年大会上，习近平总书记强调，新时代的中国青年要以实现中华民族伟大复兴为己任，不断增强做中国人的志气、骨气、底气，不负时代，不负韶华，不负党和人民的殷切期望。在庆祝中国共产主义青年团成立100周年大会上，习近平总书记再次强调，要引导广大青年在思想洗礼、在实践锻造中不断增强做中国人的志气、骨气、底气，让革命薪火代代相传。按照国资委党委整体部署，为持续深入贯彻落实习近平总书记重要讲话精神和习近平总书记视察胜利油田重要指示精神，引领广大团员青年传承石油精神、弘扬石化传统，进一步激发创新和奋斗精神，积极投身"牢记嘱托、再立新功、再创佳绩，喜迎二十大"主题行动，集团公司党组决定开展中国石化青年精神素养提升工程，现将《中国石化青年精神素养提升工程实施方案》印发给你们，请结合实际认真抓好落实。

集团公司党建工作领导小组
2022年5月29日

中国石化青年精神素养提升工程实施方案

以习近平同志为核心的党中央始终高度重视青年、深情关爱青年，寄语新时代中国青年"不断增强做中国人的志气、骨气、底气"，为青年成长成才提供了根本遵循。为持续深入贯彻落实习近平总书记重要讲话精神和习近平总书记视察胜利油田重要指示精神，引领广大团员青年传承石油精神、弘扬石化传统，进一步激发创新和奋斗精神，积极投身"牢记嘱托、再立新功、再创佳绩，喜迎二十大"主题行动，集团公司党组决定开展中国石化青年精神素养提升工程，制定本实施方案。

一、目标要求

坚持以习近平新时代中国特色社会主义思想为指导，全面贯彻党的十九大和十九届历次全会精神，深入贯彻落实习近平总书记关于共青团和青年工作的重要论述和习近平总书记视察胜利油田重要指示精神，深刻把握新时代企业发展的历史方位和石化青年肩负的责任使命，引领石化青年思想上得到深刻淬炼，深刻感悟"两个确立"的决定性意义，增强"四个意识"、坚定"四个自信"、做到"两个维护"；引领石化青年精神上得到洗礼升华，传承石油精神、弘扬石化传统，进一步激发创新和奋斗精神，凝聚起"爱我中华、振兴石化""为美好生活加油"的奋进力量；引领石化青年作风上得到有力锤炼，对标先辈讨论找出差距，增强抵御"躺平、佛系"

思想的行动自觉，勇担打造世界领先企业的青春使命；引领石化青年工作上得到强力推进，在实战历练中增长本领、创造价值，积极投身"牢记嘱托、再立新功、再创佳绩，喜迎二十大"主题行动，以实际行动迎接党的二十大胜利召开。

二、工作安排

青年精神素养提升工程从 2022 年 5 月至 2023 年 5 月，按阶段推进，紧扣"一个主题"，即"增强做中国人的志气、骨气、底气"；聚焦"三个问题"，即"同先辈比，我们身上少了什么""同先辈比，我们身上多了什么""同习近平总书记对新时代中国青年的期望和时代与企业发展要求比，我们还需要充实什么"；部署"四个阶段"，即集中学习、传统教育、对标讨论、岗位建功；抓好"五个动作"，即学习习近平总书记系列重要讲话和指示批示精神，聆听党组织书记讲团课，邀请创业先辈讲传统，开展"我和先辈比奋斗"专题组织生活会，开展"喜迎二十大、永远跟党走、奋进新征程"主题教育实践活动，把精神素养提升成效转化为岗位建功实效。

（一）开展集中学习

把习近平总书记在庆祝中国共产主义青年团成立 100 周年大会上重要讲话作为首要篇章和必学内容，贯穿青年精神素养提升工程全过程。同时，将习近平总书记在党史学习教育动员大会上的重要讲话、习近平总书记在庆祝中国共产党成立 100 周年大会上的重要讲话、习近平总书记关于国有企业改革发展和党的建设重要论述等纳入必学内容,把《中共中央关于党的百年奋斗重大成就和历史经验的决议》《习近平关于青少年和共青团工作论述摘编》等作为必读书目,把党的十八大以来党和国家事业取得的历史性成就、发生的历史性变革和习近平总书记视察胜利油田重要指示精神作为学习研讨重点。6月底前,各级党组织书记面向本单位青年讲授青年精神素养提升主题团课。各级团青组织要建立线上线下联学联动机制,充分利用青年大学习、青年讲师团、青年讲堂等载体和爱国主义教育基地等红色资源,开展互动式、沉浸式、体验式学习。

(二)加强传统教育

深入学习领会习近平总书记关于传承石油精神的重要指示批示精神,做到融会贯通、系统把握。充分发挥各级关工委和广大"五老"在教育引导青年方面的独特优势和重要作用,7月底前,邀请企业先辈全面立体深入地讲授先辈创业史、石化发展史专题课程。将石油精神、石化传统纳入青年英才"朝阳工程"、青年马克思主义者培养工程、青工政治轮训等各类团员青年培训和各级团干部培训。9月底前,结合入职培训开展新入职高校毕业生青工政治轮训。12月底前,完成"青马工程"学员集中培训,同时安排好为期一年的"青马工程"学员集中培养。深入挖掘系统内各类高层次人才及中国青年五四奖章获得者、全国及中央企业青年岗位能手、中国石化青年岗位能手等青年先进典型身上所体现的石油精神和石化传统特质,通过多种方式讲好身边榜样故事,发挥好示范引领作用。10月底前,结合"喜迎二十大、永远跟党走、奋进新征程"主题教育实践活动关于集中开展主题团日的部署，组织开展"石化青年永远跟党走"主题团日，通过就近参观革命遗址遗迹、革命博物馆、爱国主义教育基地、企业展览馆，组织观看红色电影，开展研讨交流等，引领石化青年传承石油精神、弘扬石化传统。

（三）组织对标讨论

组织青年聚焦"同先辈比，我们身上少了什么""同先辈比，我们身上多了什么""同习近平总书记对新时代中国青年的期望和时代与企业发展要求比，我们还需要充实什么"三个问题深入展开大讨论，做到团组织、团员青年全覆盖。9月底前，各级党组织、团青组织要围绕以上学习内容至少开展 2 次集中学习研讨。党的二十大召开后，各级党组织、团青组织要围绕学习宣传贯彻党的二十大精神及时组织集中学习研讨。团员青年要敢于自我革命，通过"自画像"式地深刻剖析反思，在与先辈思想"连线"中触及灵魂、找到差距，明确改进目标、制定整改措施，通过整改提升，树牢矢志永久奋斗、接续奋斗的精神追求。深化"双导师带徒"工作，10月底前为每位新入职高校毕业生配备思想导师和业务导师，开展"我与师傅找差距"活动，加速新入职青年员工培养。12月底前，召开严肃认真、形式多样的专题组织生活会，组织每位青年对标习近平总书记在庆祝中国共产主义青年团成立100周年大会上重要讲话中对团员青年提出的"五个模范"要求，检视自身问题，深刻剖析原因，明确改进目标，并与后续建功行动结合制定整改措施。

（四）立足岗位建功

将学习贯彻习近平总书记重要讲话精神的成效体现在青年岗位建功的实效上，聚焦集团公司重点发展领域、重点工程项目、关键核心技术、战略性新兴业务需求，抓好青年创新创效工作，全力推动团青工作与生产经营深度融合。进一步健全本单位"号手岗队"创建评选工作机制，发挥"号手岗队"等"青"字号品牌工作作用，引领广大石化青年在"急、难、险、重、新"任务中担当奉献。建立健全"我为青年办实事"长效机制，固化形成团干部直接联系服务青年常态化、显性化工作机制，聚焦团员青年"急难愁盼"问题，提升服务青年工作的专业化精准化水平。12月底前，每名团干部要为所联系青年至少办1件实事。深化青年志愿服务工作，引领广大青年志愿者积极参与重大活动服务保障、常态化疫情防控、助力乡村振兴、社区志愿服务、公益奉献爱心等志愿服务项目，持续打造青年志愿服务这一温馨的石化名片。12月底前，每支青年志愿服务分队、支队至少开展2次志愿服务活动。2023年5月前，对青年精神素养提升工程进行全面总结，结合实际选树宣传一批艰苦奋斗的青年先锋，发挥示范带动作用，展示新时代石化青年良好精神风貌。

三、工作要求

（一）加强组织领导

各级党组织要加强对青年精神素养提升工程的领导，党组织书记作为第一责任人，分管共青团和青年工作的班子成员作为具体责任人,把青年精神素养提升工程作为本单位(部门)党建带团建的重要载体。各级团青组织要承担起具体推动实施青年精神素养提升工程直接责任,确保各阶段工作顺利开展。在完成本方案规定动作的基础上,鼓励各单位(部门)围绕青年精神素养提升目标创造性地开展工作。

(二)突出工作实效

实施青年精神素养提升工程要坚持问题导向、目标导向,注重把"四个阶段"中发现的个人思想认识、业务能力、履职尽责、作风形象等方面问题分析透、整改好,通过"四个看一看"(即对标树牢理想信念、对党绝对忠诚、坚定"两个维护","看一看思想认识有哪些新提升";对标重学习、强实践、勇创新,"看一看业务能力有哪些新提高";对标尽职责、敢担当、有作为,"看一看岗位建功有哪些新贡献";对标守规矩、讲团结、严细实,"看一看作风形象有哪些新改进"),检验实施青年精神素养提升工程的实效。

(三)注重正面引导

要在了解青年、尊重青年基础上,采取互动式、启发式学习讨论,激发青年主观能动性,促进青年提升思想认识,确保取得扎实成效。广大石化青年要发挥优势、认真学习、深入讨论、勤于实践,扎实提升自身精神素养与综合能力。相关工作推进情况将纳入年度党建工作考核,有关经验做法及时报集团公司团委。

（四）建立长效机制

要边推进边总结，及时固化流程、形成指导文件，作为新时代青年思想政治引领的有力抓手。要提炼出具有时代特征、企业特色的"新时代石化青年品格特质"。要坚持守正创新，总结经验成效、问题不足，开展理论研究，力争形成一批课题成果，并推动理论成果和实践成果普及应用。要搭建能够为青年办实事，加快青年成长成才、立足岗位建功立业的平台载体，提升青年获得感、安全感、幸福感。

（五）营造浓厚氛围

要充分利用各级媒体加强宣传，及时推广工作中涌现出的典型事迹和经验做法，为各级党团组织和青年树立可学可做、可追可及的标杆。结合迎接党的二十大胜利召开做好集中宣传，讲好石化青年故事，传播石化青年声音，唱响"跟党奋斗、强国有我"主旋律。

内　部

共青团中国石油化工集团有限公司委员会文件

中国石化团委〔2022〕7号

关于开展"喜迎二十大、永远跟党走、奋进新征程"主题教育实践活动的通知

各直属单位团委（总支、支部）、总部各部门青年工作组：

　　今年是党的二十大召开之年，也是共青团成立100周年，团结引领广大青年坚定跟党走、建功新时代是对建团100周年的最好庆祝。按照集团公司党组"牢记嘱托、再立新功、再创佳绩，喜迎二十大"主题行动整体部署，落实团中央关于开展"喜迎二十大、永远跟党走、奋进新征程"主题教育实践活动具体要求，集团公司团委决定在全系统团青领域部署开展"喜迎二十大、永远跟党走、奋进新征程"主题教育实践活动。

　　活动的总体要求是：以习近平新时代中国特色社会主义思想

— 1 —

牢记嘱托·砥砺奋进

关于开展"喜迎二十大、永远跟党走、奋进新征程"主题教育实践活动的通知

各直属单位团委（总支、支部）、总部各部门青年工作组：

今年是党的二十大召开之年，也是共青团成立100周年，团结引领广大青年坚定跟党走、建功新时代是对建团100周年的最好庆祝。按照集团公司党组"牢记嘱托、再立新功、再创佳绩，喜迎二十大"主题行动整体部署，落实团中央关于开展"喜迎二十大、永远跟党走、奋进新征程"主题教育实践活动具体要求，集团公司团委决定在全系统团青领域部署开展"喜迎二十大、永远跟党走、奋进新征程"主题教育实践活动。

活动的总体要求是：以习近平新时代中国特色社会主义思想为指导，全面贯彻党的十九大和十九届历次全会精神，深入落实习近平总书记关于青年工作的重要思想和习近平总书记视察胜利油田重要指示精神，聚焦抓好党的事业后继有人这个根本大计，在广大青年中广泛宣传党的十八大以来党和国家事业取得的历史性成就、发生的历史性变革，宣传习近平总书记对青年的关心关怀，学习党领导中国青年运动的光辉历程，党的二十大召开后，掀起学习宣传党的二十大精神的热潮，引导团员青年增强"四个意识"、坚定"四个自信"、做到"两个维护"，为加快建设世界领先企业贡

献青春力量。

开展"喜迎二十大、永远跟党走、奋进新征程"主题教育实践活动,是在党的二十大召开之年强化团员青年思想政治引领的重要工作,纳入集团公司党组"牢记嘱托、再立新功、再创佳绩,喜迎二十大"主题行动党建引领组工作统筹推进。为推动主题教育实践活动落地落实,集团公司团委研究制定了《"喜迎二十大、永远跟党走、奋进新征程"主题教育实践活动任务清单》(附件1),现印发给你们,请结合实际抓好贯彻落实。活动开展情况及时报集团公司团委,并于5月31日、10月31日和12月15日前,分别通过石化党建平台团青子系统填报《"喜迎二十大、永远跟党走、奋进新征程"主题教育实践活动有关情况统计表》(附件2)。

附件:1. "喜迎二十大、永远跟党走、奋进新征程"主题教育实践活动任务清单

2. "喜迎二十大、永远跟党走、奋进新征程"主题教育实践活动有关情况统计表

共青团中国石油化工集团有限公司委员会

2022年3月22日

附件 1

"喜迎二十大、永远跟党走、奋进新征程"主题教育实践活动任务清单

工作内容	具体措施	主要任务	完成时间
一、加强理论武装，筑牢思想根基	1.开展组织化学习	持续深化党的百年奋斗重大成就和历史经验学习教育，引导团员青年深刻感悟新时代党和国家事业发展的伟大成就；持续深化习近平总书记关于青年工作的重要思想学习，深刻感悟党领导中国青年运动的光辉历程。	2022年5月
		组织开展中央有关重要精神的专题学习，把握共青团在党的领导下团结带领一代代青年跟党奋斗的职责使命，引导团员青年深刻领会习近平总书记对青年一代健康成长的重要要求。	2022年10月
		党的二十大召开后，全面掀起学习宣传党的二十大精神的热潮，组织开展专题学习教育，团支部覆盖率达到100%。	2022年12月
	2.各级团青组织负责人宣讲党的二十大精神	各级团青组织负责人在深入自学的基础上，面向团员青年至少开展1次党的二十大精神宣讲，引导团员青年理解大会召开的重大意义，了解党和国家的前进方向，胸怀"国之大者"，主动担当奉献，为打造世界领先企业贡献青春力量。	2022年12月

续表

工作内容	具体措施	主要任务	完成时间
一、加强理论武装，筑牢思想根基	3.加强团员青年教育培训	用好中央企业青年样板课、微团课、在线公开课资源共享平台，通过专题学习、专题宣讲、专题培训、团的组织生活、云团课直播等形式，进一步深化对习近平新时代中国特色社会主义思想的理解把握。	2022年10月
		把党的二十大精神作为教育培训的重要内容，特别是作为各级青年马克思主义者培养工程的重点内容，通过教育培训让党的声音广泛直达团员青年。	2022年12月
二、抓实组织生活，突出固本强基	4.集中开展主题团日	以团支部为单位，开展"百年心向党，奋进新征程"主题团日，规范开展入团仪式，组织团员重温入团誓词，教育引导团员青年坚定信念、担当使命。	2022年5月
		以团支部为单位，开展"喜迎二十大、永远跟党走、奋进新征程"主题团日，通过学习座谈、故事分享、征文演讲、参观寻访等形式，教育引导团员青年永远听党话、感党恩、跟党走。	2022年10月
	5.严格落实"三会两制一课"制度	深化应用《中国石化团青组织标准化规范化建设工作手册》、石化党建平台团青子系统和"智慧团建"系统，严格落实"三会两制一课"等组织生活制度，注重创新方式方法，提高组织生活质量。	2022年12月

续表

工作内容	具体措施	主要任务	完成时间
二、抓实组织生活，突出固本强基	6.召开组织生活会	围绕学习宣传党的二十大精神，开展专题组织生活会，对照习近平总书记对新时代团员青年的嘱托，对照先进典型事迹和团员先进性评价标准，查找自身不足，明确改进方向。结合组织生活会开展团员先进性评价和团员年度教育评议。	2022年12月
三、坚持服务引领，促进实践建功	7.开展"喜迎二十大，青春在行动"主题实践活动	深入推进青春建功"十四五"行动，围绕集团公司重点发展领域、重点工程项目、关键核心技术和战略性新兴业务需求，结合实际，开展"号、手、岗、队"创建和青创先锋工作室、青创先锋示范岗建设，针对不同层次、不同岗位青年骨干，广泛开展青工创新创效大赛，引导团员青年立足岗位创新创效创优。	2022年12月
	8.深化青年志愿服务工作	推动青年志愿服务工作制度化规范化常态化，动员广大石化青年注册成为中国石化青年志愿服务队员，积极投入助力乡村振兴、重大活动服务保障、公益奉献爱心、常态化疫情防控等青年志愿服务项目，以开展青年志愿者"社区行动"为重点，引导广大青年志愿者在社会治理和新时代文明实践中心建设等重点工作中发挥作用，实现实践育人与服务社会的良性互动，提升服务大局贡献度。	2022年12月

续表

工作内容	具体措施	主要任务	完成时间
三、坚持服务引领，促进实践建功	9. 建立"我为青年办实事"长效机制	固化形成团干部直接联系服务青年常态化、显性化工作机制，聚焦团员青年"急难愁盼"问题，提升服务青年工作的专业化精准化水平，帮助团员青年解决成长过程中的困难事、烦心事。	2022年12月
四、强化宣传引导，营造浓厚氛围	10. 大力开展青年典型选树宣传	开展庆祝建团100周年团青先进典型评选表彰。	2022年5月
		组织团青先进典型事迹分享活动，大力宣传他们坚定跟党走、奋进新征程的先进事迹，引导和动员广大团员青年铭记党的关怀、积极向榜样学习、充分发挥生力军和突击队作用。	2022年12月
	11. 开展融媒体宣传	加强"青春系列"团属新媒体阵地建设，发挥主流媒体的宣传动员和舆论引导优势，通过新闻综述、话题讨论等方式，全面展现各级党组织对共青团和青年工作的关怀重视，展现广大团员青年的学习成效，积极营造喜迎党的二十大胜利召开的热烈浓厚氛围。	2022年10月
		党的二十大召开后，做好党的二十大精神宣传工作。	2022年12月
	12. 开展青年思想动态调研	采取"线上+线下"模式，深入调研了解团员青年思想动态、价值取向、职业期待、"急难愁盼"，及时向同级党组织和上级团组织报告团员青年思想状况，提出建议，制定对策措施。	2022年5月

附件 2

"喜迎二十大、永远跟党走、奋进新征程"
主题教育实践活动有关情况统计表

统计内容	组织化学习情况		"喜迎二十大，青春在行动"主题实践活动开展情况					"我为青年办实事"活动开展情况			落实团内组织生活情况	特色亮点工作情况
	组织化专题学习次数	团青组织负责人宣讲党的二十大精神次数	宣讲覆盖团员青年人数	累计表彰青年文明号个数	累计创建青年岗位能手个数	累计创建青年安全生产示范岗个数	累计组建青年突击队个数	参与办实事活动的团青干部人数	团青干部联系青年人数	团青干部做实事件数	围绕主题教育实践活动开展主题团日次数	召开学习宣传党的二十大精神专题组织生活会次数	示例： 1.2022 年 × 月 × 日，××团委（团总支/团支部）开展××工作/活动。 …… （案例详细情况通过石化党建平台团青子系统特色工作管理模块报送）
数量													

内 部

共青团中国石油化工集团有限公司委员会文件

中国石化团委〔2022〕22号

关于开好专题组织生活会的通知

各直属单位团委（总支、支部）、青年工作组：

为深入学习贯彻党的二十大精神，高质量推进青年精神素养提升工程，按照《共青团中央关于全团认真学习宣传贯彻党的二十大精神的通知》（中青发〔2022〕19号）、《中央企业团工委、中央企业青联关于认真学习宣传贯彻党的二十大精神的通知》（中企团发〔2022〕6号）关于"今年年底前，每个团支部至少开展1次专题组织生活会"和《中国石化青年精神素养提升工程实施方案》（中国石化党建〔2022〕1号）关于"12月底前，召开严肃认真、形式多样的专题组织生活会，组织每位青年检视自身问题，深刻剖析原因，明确改进目标，并与后续建功行动结合制定整改措施"的部署要求，结合企业实际，经研究决定，年底前以团支部或团

关于开好专题组织生活会的通知

各直属单位团委（总支、支部）、青年工作组：

为深入学习贯彻党的二十大精神，高质量推进青年精神素养提升工程，按照《共青团中央关于全团认真学习宣传贯彻党的二十大精神的通知》（中青发〔2022〕19号）、《中央企业团工委、中央企业青联关于认真学习宣传贯彻党的二十大精神的通知》（中企团发〔2022〕6号）关于"今年年底前，每个团支部至少开展1次专题组织生活会"和《中国石化青年精神素养提升工程实施方案》（中国石化党建〔2022〕1号）关于"12月底前，召开严肃认真、形式多样的专题组织生活会，组织每位青年检视自身问题，深刻剖析原因，明确改进目标，并与后续建功行动结合制定整改措施"的部署要求，结合企业实际，经研究决定，年底前以团支部或团小组为单位，召开1次专题组织生活会。现就有关事项安排如下。

一、主题

"学习二十大、永远跟党走、奋进新征程"暨"牢记总书记嘱托、凝聚石化青年创新奋进力量"。

二、认真组织学习

（一）学习内容

1.党的二十大精神，以学习党的二十大报告、《党章》为主，延伸阅读《辅导读本》《辅导百问》等材料；

2. 习近平总书记在庆祝中国共产主义青年团成立100周年大会上重要讲话精神、习近平总书记视察胜利油田重要指示精神、习近平总书记给中国航空工业集团沈飞"罗阳青年突击队"的队员们重要回信精神，重点学习习近平总书记对广大团员青年提出的"五个模范"的重要要求；

3. 集团公司党组学习贯彻习近平总书记在庆祝中国共产主义青年团成立100周年大会上重要讲话精神座谈会暨青年精神素养提升工程部署会精神，重点学习集团公司党组书记马永生同志对石化团员青年的希望要求；

4. 集团公司党组关于传承石油精神、弘扬石化传统，加强安全生产和"三基"工作的部署要求。

（二）有关要求

专题组织生活会前，各团支部要以开展集中学习和安排个人自学相结合的方式，组织所辖团员青年进行研讨交流，为高质量开好专题组织生活会打牢思想基础。各级团青组织要把学习好宣传好贯彻好党的二十大精神作为当前和今后一个时期首要政治任务，作为专题组织生活会学习研讨的重中之重，按照集团公司党组、团中央、中央企业团工委部署要求和集团公司团委学习贯彻党的二十大精神研讨会具体安排，在各级党组织领导下，持续兴起学习宣传贯彻党的二十大精神热潮，用习近平新时代中国特色社会主义思想武装青年，用新时代10年的伟大成就鼓舞青年，用实现第二个百年奋斗目标的宏伟蓝图激励青年，引领广大团员青年深刻领悟"两个确立"的决定性意义，增强"四个意识"、坚定"四个自信"、做到"两个维护"。要准确把握团内学习宣传贯彻工作的目标要求，紧密结合"牢记嘱托、再立新功、再创佳绩，学习贯彻二十大精神"主题行动，紧密结合当前重点工作，紧密结合谋划明年团青重点工作，持续抓好党的二十大精神贯彻落实。

三、开展谈心谈话

专题组织生活会前，团支部委员之间、团支部委员和团员青年之间、团员青年和团员青年之间，应进行一次谈心谈话。团支部应当注重分析团员青年思想状况和心理状态。对家庭发生重大变故和出现特殊困难、身心健康存在突出问题等情况的团员青年，团支部书记应当帮助做好心理疏导；对受到处分处置以及有不良反应的团员青年，团支部书记应当有针对性地做好思想政治工作。谈心谈话应当坦诚相见、交流思想、交换意见、帮助提高，为高质量开展批评和自我批评奠定基础。

四、深入查摆问题

专题组织生活会前，每名团员青年应在参与前期集中学习、传统教育、对标讨论的基础上，进一步对照习近平总书记对新时代青年的期望和时代与企业发展要求，对照企业先辈集中体现出的创业奋斗精神，查找自身存在的问题和不足。重点围绕以下四个方面进行对标和检视：一是对标树牢理想信念、对党绝对忠诚、坚定"两个维护"，检视自身在思想认识上存在哪些问题和不足；二是对标重学习、强实践、勇创新，检视自身在业务能力上存在哪些问题和不足；三是对标尽职责、敢担当、有作为，检视自身在岗位建功上存在哪些问题和不足；四是对标守规矩、讲团结、严细实，检视自身在作风形象上存在哪些问题和不足。

五、严肃召开专题组织生活会

（一）时间安排

专题组织生活会原则上于2022年12月31日前召开。受疫情等因素影响，召开时间可适当延期。

（二）参会人员

全体团员和青年。可邀请同级党组织负责人、上级团组织负责人到会指导。

（三）组织形式

本次专题组织生活会原则上以团支部为单位召开，团支部所辖团员青年人数较多的，可先以团小组为单位召开，再以团支部为单位总结，会上只安排团支部书记、委员、团小组长发言。团支部（团小组）所辖团员青年人数较少的，可由上级团组织统筹，相邻相近团支部（团小组）联合召开。会议实到人数应不少于团支部（团小组）所辖团员青年总数的2/3。受疫情等因素影响，团员青年因故不能到会的，可采取网络会议形式开会。具备条件的会场应悬挂团旗。

（四）会议议程

1. 重温入团誓词；
2. 团支部书记（团小组长）汇报组织生活会准备情况，带头简

要谈参加青年精神素养提升工程的收获体会并作自我批评,团支部委员、其他团员青年对其进行批评帮助;

3. 团支部委员、团员青年依次简要谈参加青年精神素养提升工程的收获体会并作自我批评,团支部书记(团小组长)、其他支部委员、团员青年对其进行批评帮助;

4. 同级党组织负责人或上级团组织负责人点评讲话。

(五)有关要求

开展批评和自我批评应遵循"团结—批评—团结"方针,会上,团员青年要逐个发言,不要求撰写发言材料,但批评和自我批评要联系具体人具体事,直接点问题、摆表现,不说空话套话,确保批评和自我批评严肃认真,开出高质量的组织生活会。

六、同步做好团员先进性评价、团员教育评议、团员年度团籍注册工作

各团支部应把召开专题组织生活会与一年一度的团员先进性评价、团员教育评议、团员年度团籍注册工作相结合,按照《新时代共青团员先进性评价指导大纲(试行)》(中青发〔2020〕3号)、《中国共产主义青年团"三会两制一课"实施细则(试行)》(中青发〔2017〕5号),同步开展好相关工作。

七、切实抓好问题整改

各团支部应督导每名团员青年针对查摆和评议出的问题,列出问题清单和整改清单,明确整改事项、整改措施和整改时限,同时履行好直接教育团员、管理团员、监督团员和组织青年、宣传青年、

凝聚青年、服务青年的职责，推动帮助所辖团员青年切实整改提升。

各团支部专题组织生活会情况和团员先进性评价、团员教育评议、团员年度团籍注册情况应及时录入"智慧团建"系统。各青年工作组要参照团支部组织生活会做法，高质量组织好此次专题组织生活会，确保青年精神素养提升工程覆盖全体青年、切实取得实效。

共青团中国石油化工集团有限公司委员会

2022 年 11 月 30 日

在中国石化青年精神素养提升工程推进会上的讲话

张 昆

（2022年8月9日）

5月31日，集团公司党组召开专题会议高规格启动青年精神素养提升工程。今天我们召开这个推进会，就是要贯彻落实党组关于青年精神素养提升工程的部署，通过总结前期工作中的成绩与不足，进一步深化措施和办法，把中国石化青年精神素养提升工程引向深入。

5月31日，工程启动实施以来，各单位通过多种形式高标准启动部署此项工作，取得了初步成效。胜利油田高度重视，以上率下，各级党组织书记纷纷带头讲好第一课；河南油田创造性地运用原创舞台剧的形式，引导青年员工深刻感悟石油精神和石化传统的时代内涵；江汉油田运用"线上＋线下"的方式注重选树青年榜样；燕山石化充分整合资源，与多项重点工作相结合；金陵石化将学党史、团史、厂史相结合，为青年搭建传承石油石化优良传统的丰富载体；江西石油深入开展"三个问题"大讨论，深刻对照查摆，形成整改清单；北化院将青年精神素养提升与科研攻关有机融合，引领青年科技人才投身技术攻关；物装（国事）编印主题画册，全面

2022年8月9日,中国石化团委召开中国石化青年精神素养提升工程推进会

展示本单位共青团工作和青年风采,等等,这些做法和经验值得大家学习借鉴。

在肯定前段工作成绩的同时,也要清醒看到,在工作开展过程中也出现了一些不容忽视的问题。从我们前期调研掌握的情况看,具体有这样几个方面:一是有的单位认识不到位,对青年精神素养提升工程重视不够、投入精力不足,对开展这项工作的目的意义比较模糊,只求"过得去"、不求"过得硬"。二是规定动作没有按照既定时间节点推进。一些单位直到今天都没有举办

第一课，第二课也没有提上日程，远远滞后于我们方案的要求时间。三是学习研讨深度不够。在开展"三个问题"大讨论时，青年发言比较空泛，没有把自己摆进去，不触及思想，也缺乏感悟体会。对这些问题，必须高度重视、切实解决。这里，我就深入贯彻国资委党委和党组部署、扎实推进青年精神素养提升工程，讲以下几点意见。

一、深刻领会青年精神素养提升工程的目的意义，准确把握工程实质内涵

集团公司青年精神素养提升工程部署会上，党组领导对开展此项工作面上的目的意义作了说明。今天，借此机会，结合中央企业团工委试点开展、过程推进此项工作中掌握到的相关情况，就实施青年精神素养提升工程深层次的目的意义再跟大家作一交流。

当前，百年变局和世纪疫情交织影响，各种可以预见和难以预见风险因素明显增多。特别是复杂动荡的国际局势引起各方高度关注。综合国际国内各方面因素影响，意识形态领域面临多重挑战和考验。去年以来，网络上一篇热搜文章《中国年轻人的八旗子弟化》引发社会关注，文章提出，当代中国青年不再能吃苦耐劳，不再能承担艰辛繁劳工作，成为耽于享乐、拈轻怕重、很少履行对民族和家族的义务的食草男女。习近平总书记对这篇文章作出重要批示，强调应更加关注祖国未来一代的精神素养培养。国资委党委贯彻落实总书记重要批示精神，自去年10月起试点开展了央企青年精神素养提升工程。

今年5月，国资委党委在试点的基础上，全面部署启动了央企青年精神素养提升工程。集团公司党组认真贯彻落实国资委党委部署要求，5月31日召开专题会议，高规格启动部署了此项工作，姚焕书记对我们提出了要在央企中当标杆、作表率的要求。各级团组织要深刻领会、准确把握开展此项工作的目的意义和措施要求，做到思想上高度重视、行动上坚决主动，把青年精神素养提升工程作为贯穿今明两年乃至今后一个时期的重点工作来抓，确保抓出实效。

二、不打折扣、不走过场，聚焦高质量全覆盖扎实推进青年精神素养提升工程

开展好青年精神素养提升工程，不仅要领会好此项工作的目的意义和措施要求，还要注意把握好几个方面的原则方向。一要注重融合导向，做到与本单位改革发展、生产经营相协同。高质量推进青年精神素养提升工程，必须要与各单位改革发展、生产经营同向聚力、相融互促，要在务实、创新、融合上下更大功夫，只有把青年精神素养提升工程有机融入企业高质量发展各项工作中，这项工作才真正富有生机活力和生命力。二要树立一线思维，做到顶层设计与基层实践相呼应。青年精神素养提升工程最终质量如何，关键体现在基层一线青年的精神状态提升、优良作风养成上。这就要求我们眼睛向下，经常深入基层一线，听真话、摸实情，在对各方面情况充分掌握的基础上，提出切实可行的思路举措。要鼓励和支持基层团组织积极开展自主创新，因地制宜、

大胆探索，不断丰富推动工程取得实效的新措施新方法。三要重视品牌效应，做到巩固基础与打造亮点相促进。高质量实现青年精神素养提升工程，既要强基础固基本，也要抓亮点树品牌。要注重加强总结提炼，经常向本单位党委和集团公司团委汇报阶段性工作进展和工作成效。要加强宣传报道，在开展工作中注重结合实际提炼本板块、本单位青年品格特质，选树一批青年典型，号召广大团员青年见贤思齐。

三、加强过程管控、突出工作实效，持续推进青年精神素养提升工程走深走实

推动青年精神素养提升工程落地落实，必须要强化过程管控，通过及时掌握、有效解决基层开展过程中存在的问题，推动工作取得实效。针对当前工作中存在的问题，各单位要注重做好两方面工作。一方面要切实做好规定动作。集团公司制定印发的13项任务清单，明确了各级党团组织应完成的各项规定动作和时间节点，各单位务必要按照党组要求在既定时间节点完成好规定动作。工程启动已经2个多月了，请各单位回去后对照任务清单，做好"回头看"工作，没有完成的规定动作要做好"补课"。另一方面要切实用好"四个看一看"这把标尺。如何检验工程实施成效，集团层面从方案制定之初就提出了"四个看一看"的标准。近期，各单位在完成第一课、第二课的基础上，陆续开展组织"三个问题"对标讨论，要在覆盖全体35周岁以下青年的同时，让每一名青年找出差距不足、制定整改措施，通过整改最终回答好

我们石化青年对标树牢理想信念、对党绝对忠诚、坚定"两个维护",思想认识上有哪些新提升;对标重学习、强实践、勇创新,业务能力上有哪些新提高;对标尽职责、敢担当、有作为,岗位建功上有哪些新贡献;对标守规矩、讲团结、严细实,作风形象上有哪些新改进,确保每名青年在参与此项工作后都有提高、都有收获。

牢记嘱托·砥砺奋进

中国石化团委在中央企业共青团工作座谈会上的经验交流材料

（2022年8月24日）

一、青年精神素养提升工程开展情况

央企青年精神素养提升工程启动以来，中国石化高度重视，高起点谋划、高标准启动、高质量推进，取得了初步成效。一是高起点谋划。去年10月，习近平总书记视察中国石化胜利油田，给予石油战线"旗帜、栋梁"的定位、"再立新功、再创佳绩"的期许。我们将总书记视察胜利油田重要指示精神列为石化青年精神素养提升的必学内容，紧密结合公司党组正在开展的"牢记嘱托、再立新功、再创佳绩，喜迎二十大"主题行动，进一步推动总书记思想在石化青年中大学习大普及大落实。同时，我们传承石油精神、弘扬石化传统作为加强传统教育的重要抓手，引导广大团员青年从石油精神、石化传统中汲取精神力量、赓续红色血脉。在抓好学习教育的基础上，我们坚持目标、问题导向，突出工作实效，提出了"四个看一看"（即对标树牢理想信念、对党绝对忠诚、坚定"两个维护"，"看一看思想认识有哪些新提升"；对标重学习、强实践、勇创新，"看一看业务能力有哪些新提高"；对标尽职责、敢担当、有作为，"看一看岗位建功有哪些新贡献"；

对标守规矩、讲团结、严细实,"看一看作风形象有哪些新改进"),作为检验工程实效的重要标准。二是高标准启动。5月31日,公司党组高规格召开启动部署会,领导班子成员全体出席,姚焕书记对中国石化提出了要在央企中作表率的希望要求,令石化青年备受鼓舞。会上,公司党组书记马永生讲授第一课,7月15日,《永恒的石油魂》一书作者、石油精神、石化传统的亲历者、践行者和传播者、公司老同志张玉春讲授了第二课,在石化青年中引起强烈反响。三是高质量推进。8月9日,经请示公司党组同意,公司团委召开青年精神素养提升工程推进会,邀请中国石化原思想政治工作部副主任俞明康深入讲授石油精神、石化传统,8家不同专业板块的直属单位团委交流分享经验做法,集团公司团委书记针对工程实施过程中调研发现的问题,对全系统高质量全覆盖、持续推进工程走深走实提出要求,146家直属单位团青组织负责人现场参会、分组研讨贯彻落实措施。近期,集团公司团委专门指导列席了部分主干专业基层团支部"三个问题"大讨论活动,示范引导全系统基层团支部抓好此项工作。截至目前,全系统各级党组织书记为本单位青年讲授青年精神素养提升主题团课14531场次,各单位邀请企业先辈讲授创业历程专题课程10840场次,基层团支部开展"三个问题"大讨论4760场次,覆盖35周岁以下青年11.8万人。

二、共青团推优入党工作情况

作为团中央组织部、国资委党建局、中央企业团工委指定的共青团推优入党工作试点单位,中国石化在全覆盖调研摸清全系统推优入党工作现状的基础上，研究制定了符合公司发展党员工作实际、具有公司团青工作特点的《中国石化共青团推优入党工作实施细则（试行）》。工作主要有三个特点：一是党团联合培养，实现无缝衔接。按照团中央组织部、国资委党建局提出的"探索形成科学规范的党团联合培养制度机制"要求，我们将党团联合培养作为推优入党工作取得实效的关键。2020年11月，公司党建工作领导小组以正式文件形式转发《细则》，对各级党组织、各级团组织规范开展推优入党工作作出规定，推动形成了党建带团建、党团联合推动推优入党工作的浓厚氛围。二是紧密结合实际，聚焦重点环节。结合公司基层党组织确定为入党积极分子的青年，基本都能发展成为党员，及公司员工队伍平均年龄偏大的实际，按照《中国共产党发展党员工作细则》，将中国石化共青团推优入党工作重点聚焦到确定入党积极分子环节，对35周岁以下青年入党，研究提出了基层党支部听取基层团支部意见的工作程序，较好地发挥了基层团组织在发展青年员工成为党员过程中的积极作用。三是强化育优培优，提升推优质量。我们在制定《细则》中专门提出了"加强育优培优工作"专章，明确了加强团员青年政治理论教育和素质能力提升相关措施，通过团组织帮助团员青年端正入党动机，推动其在服务企业改革发展稳定各项工作中担当作为、建功立业。《细则》印发实施以来，公司各级党组织更加重视推优入党工作，基层团支部"推优"工作更加规范、育优培优工作进一步加强，2021年度全系统在团员中发展党员1046名，全部履行团组织推优程序。

三、青马工程开展情况

中央企业团工委全面部署"青马工程"以来，中国石化高度重视，将实施"青马工程"作为培养石化事业合格建设者和可靠接班人的重点工程，为党培养了一大批青年政治骨干。一是加强顶层设计。公司团委联合党组组织部印发《中国石化深入推进青年马克思主义者培养工程实施方案》，对集团层面示范带动、直属单位纵深推进"青马工程"提出明确要求。全年以来，集团层面已举办两期示范班，今年的两期示范班已列入培训计划，待疫情防控条件允许即实施。同时，我们通过中国石化网络学院"青马工程"学习专区，对每名"青马学员"进行为期1年的培养，为学员成长注入动力。二是有效补全公司全层级人才培训体系。结合公司已建立从党组管理的正职直至基层正、副职干部的全层级干部培训体系的实际，我们积极对接组织人事部门，将中国石化"青马工程"的培养对象，放在了新入职3-5年、有培养前途的青年党员、作为基层后备干部培养的这支人才队伍上，连同我们在"十三五"打造的新入职毕业生青工政治轮训这个品牌，中国石化全层级人才培训体系已经打通。三是推动各单位"青马工程"全覆盖见实效。将"青马工程"开展情况纳入年度党建工作考核，在集团层面的示范引领下，各单位将"青马工程"作为党建带团建重要内容，目前全系统146家直属单位已实现全覆盖，2021年共培养"青马学员"3081名，正在公司科研技术、经营管理、技能操作等各岗位上发光发热。

牢记嘱托·砥砺奋进

向集团公司党组报送的《关于青年精神素养提升工程进展情况的报告》

集团公司团委

（2022年10月12日）

党组领导批示意见

请公司团委牢记习近平总书记嘱托，团结带领公司广大青年踔厉奋发、为公司高质量发展做出更大贡献。

马永生 2022-10-13

肯定前期工作成绩！希望将提升工程常抓不懈，不断提高成效。

2022-10-12

5月31日，集团公司党组启动部署青年精神素养提升工程以来，集团公司团委认真落实相关要求，具体推动此项工作在全系统深入开展，各直属单位和总部各部门积极组织，取得了阶段性成效。近期，中央企业团工委主办的《中央企业青年工作简报》编发了集团公司青年精神素养提升工程经验做法。现将活动进展情况报告如下。

一、精心谋划部署，全系统青年精神素养提升工程实现高标准起步、高质量开局

公司青年精神素养提升工程启动以来，各直属单位党委高度重视、积极响应，全覆盖启动部署本单位青年精神素养提升工程，总体做到"四个紧密结合"，较好地实现了高标准起步、高质量开局。一是紧密结合深入学习贯彻习近平总书记视察胜利油田重要指示精神。各单位将习近平总书记视察胜利油田重要指示精神列为青年精神素养提升的必学内容和研讨重点，在石化青年中再次掀起学习热潮，广大石化青年在反复学习中，进一步深刻领会"旗帜、栋梁"的使命和"再立新功、再创佳绩"的期望，沿着总书记指引的方向奋力前行。二是紧密结合"牢记嘱托、再立新功、再创佳绩，喜迎二十大"主题行动。各单位将引领广大团员青年积极投身"牢记嘱托、再立新功、再创佳绩，喜迎二十大"主题行动，作为开展青年精神素养提升工程的落脚点，将提升工程的目标要求与主题行动任务要求相协同，与企业生产经营各项工作相融合，广大石化青年在主题行动中立足岗位、建功立业。三是紧密结合大力传承石油精神、弘扬石化传统。各单位将传承石油精神、弘扬石化传统作为加强青年传统教育的重中之重，纳入"青马工程"、青工政治轮训等各类团员青年和各级团干部教育培训的重要内容，石油精神、石化传统在广大石化青年中进一步入脑入心、见行见效。四是紧密结合加强安全生产和"三基"工作。各单位坚持在青年精神素养提升工程中大抓安全生产和基层基础工作，引导基层一线青年认真学习集团公

司关于进一步加强安全生产和"三基"工作的部署要求，积极开展青年安全生产示范岗创建各项工作，锤炼"严、细、实"作风，广大石化青年在企业安全生产和"三基"工作中的生力军和突击队作用进一步激发。

二、坚持"三学联动"，广大石化青年在学习教育中接受洗礼、涵养正气

各单位积极推动"青年大学习"行动，从"基层书记讲信仰、先辈楷模讲奋斗、专家学者讲理论、青年骨干讲担当"四个维度组织青年开展学习教育，较好地实现了学习内容"实"起来、学习形式"活"起来、学习氛围"浓"起来。坚持全面系统学，各单位把习近平总书记在庆祝中国共产主义青年团成立100周年大会上的重要讲话作为首要篇目和必学内容，贯穿学习教育全过程，同时组织青年及时跟进学习习近平总书记《论党的青年工作》，广大石化青年听党话、跟党走的思想自觉和行动自觉进一步增强。坚持联系实际学，集团公司团委邀请化工销售公司原党委书记、《永恒的石油魂》一书作者张玉春同志，集团公司原思想政治工作部副主任、直属党委副书记俞明康同志，分别为全系统青年和团青干部讲授石油精神石化传统专题课程，在广大石化青年和团青干部中引起强烈反响。反腐倡廉教育月活动期间，集团公司直属团委邀请党组巡视办主任谈文芳同志为总部青年讲授了总部部门年轻干部反腐倡廉教育暨青年精神素养提升主题团课，总部部门青年工作组开展青年精神素养提升工程持续深入。坚持丰富载体学，各单位广泛运用"云

课堂"、线上"学习会"等载体,用"青言青语"让青年从"小逻辑""小故事"中感悟政治"大逻辑"、人生"大道理"。截至目前,全系统各级党组织书记为本单位青年讲授主题团课14531场次,各单位邀请企业先辈讲授创业历程专题课程10840场次,开展组织化学习4186场次,全系统团支部开展青年精神素养提升主题团日4782场次。

三、强化过程管控,各级团青组织在青年精神素养提升工程中认真履职、积极作为

青年精神素养提升工程实施以来,集团公司团委多措并举,推动各级团青组织主动承担直接责任,突出问题导向和目标导向,以"四个看一看"(看一看思想认识有哪些新提升、看一看业务能力有哪些新提高、看一看岗位建功有哪些新贡献、看一看作风形象有哪些新改进)检验工程实效。集团公司层面,召开集团公司青年精神素养提升工程推进会。8月上旬,集团公司团委经请示党组领导同意,以召开公司团代表会议为契机,召开了青年精神素养提升工程现场推进会,146家直属单位团青组织负责人参会,8家单位交流做法经验。会议总结了工作成绩,分析了问题不足,要求各单位要进一步深刻领会工作目的意义,准确把握实质内涵,加强过程管控、突出工作实效,不打折扣、不走过场,聚焦高质量、全覆盖,持续推进青年精神素养提升工程走深走实。基层单位层面,深入基层团支部面对面指导"三个问题"大讨论活动。进入对标讨论阶段后,集团公司团委先后深入工程建设公司、燕山石化公司、物装(国

事）公司、润滑油公司基层团支部，列席指导"三个问题"大讨论，带动各直属单位两级团委规范引导所辖团支部高质量开展好对标讨论活动。截至目前，全系统基层团支部开展大讨论4760场次，覆盖35周岁以下青年11.8万人。通过对标讨论，广大石化青年普遍找到了自身差距不足，明确了改进提升措施，列出了问题清单和改进措施清单，既"向自己宣战"又"挂图作战"，决心不负总书记嘱托，以更加昂扬的精神状态创造更加优异的青春业绩。8月下旬，集团公司团委在中央企业共青团工作座谈会上，交流公司青年精神素养提升工程开展情况，团中央组织部、中央企业团工委给予充分肯定。

四、擦亮"青"字品牌，团青工作与生产经营深度融合、同频共振

各单位坚持把开展青年精神素养提升工程融入企业生产经营，以"青"字号品牌工作为载体，广大石化青年在提升精神素养的同时，坚持在学中干、在干中学，为端牢能源饭碗再立新功、再创佳绩。深化青年突击队工作，促进青年攻坚克难、担当奉献。各级团青组织聚焦制约企业改革发展稳定工作的瓶颈问题，深入开展青年突击队工作，找准找实工作的结合点、切入点、着力点，引导青年在"急、难、险、重、新"任务中站得出来、顶得上去、发挥作用。全系统目前活跃着4000余支青年突击队，广大青年突击队员在生产经营第一线、安全环保主战场、科技创新最前沿挥洒着青春的汗水。擦亮青年志愿服务名片，引导青年弘扬志愿精神、践行社会责任。各

级团青组织发挥青年志愿服务队组织化优势，引导广大青年积极参与助力乡村振兴、重大活动服务保障、常态化疫情防控、社区和谐建设、公益奉献爱心等志愿服务项目，助力公司打造党和人民好企业形象。中国石化青年志愿服务总队成立以来，全系统共组建青年志愿服务组织1475个、注册青年志愿者8.6万余名，累计服务时长超30万小时。健全"我为青年办实事"机制，保障青年快乐工作、健康生活。固化形成团干部直接联系服务青年工作机制，常态化开展"我为青年办实事"主题实践活动，各级团青干部通过走访、座谈、结对等方式，用心用情用力帮助青年解决婚恋交友、技能提升、心理压力、文化生活等方面"急难愁盼"问题，让青年有更多、更直接、更实在的获得感、幸福感、安全感。今年以来，共有12061名团青干部直接联系97942名青年，为青年办实事17949件。

集团公司团委将按照国资委党委、集团公司党组和中央企业团工委的部署要求，继续紧扣"一个主题"、聚焦"三个问题"，统筹抓好"四个阶段、五个动作"各项工作，力戒形式主义，进一步提升工作质量、确保工作实效，以实际行动学习贯彻好党的二十大精神。

中央企业青年工作简报

2022 年第 4 期

中央企业团工委　中央企业青联　　　　　　2022 年 9 月 29 日

　　5 月 10 日,习近平总书记出席庆祝中国共产主义青年团成立 100 周年大会并发表重要讲话,为新时代青年运动和共青团工作提供根本遵循。5 月 20 日,国资委党委召开专题会议,对学习贯彻习近平总书记重要讲话和重要回信精神,全面实施中央企业青年精神素养提升工程作出部署。各中央企业落实国资委党委部署,根据企业特点、青年所需,实施青年精神素养提升工程,有序有力推动学习贯彻习近平总书记重要讲话精神走深走实,不断激发新时代央企青年为做强做优做大国有资本和国有企业接续奋斗的精神力量。从本期起,我们选编部分企业经验案例,供各中央企业学习交流。

牢记总书记嘱托　提升青年精神素养
持续激发石化青年奋进力量

——《中央企业青年工作简报》刊发中国石化青年精神素养提升工程经验做法文章

"青年精神素养提升工程做实了就是生产力，做强了就是竞争力，做细了就是凝聚力"，中国石化党组书记马永生在给全体石化青年讲授"第一课"时指出。自青年精神素养提升工程启动以来，中国石化坚持将习近平总书记给予中国石化"再立新功、再创佳绩"的殷切希望转化为岗位建功实践，教育引领广大石化青年牢记"端稳能源饭碗"嘱托，在兴油报国征程中再立新功、再创佳绩。

打造品牌"金课"，让"两个课堂"好听更上座。

坚持精准发力，确保工作不搞形式、不走过场。党组书记结合国资委党委专题会议精神，讲授精神素养提升"第一课"。146家直属单位先后邀请在中国石化近40年发展历程中不同时期的功勋前辈，以座谈、论坛、沙龙等多种形式讲授精神素养提升"第二课"。"两个课堂"让石化青年情感上有共鸣、思想上有启迪、心灵上有触动，现已成为石化青年学习教育新的"打开方式"。中国青年五四奖章获得者秦宁谈到，听了为我们量身打造的"金课",我深刻体会到"企业发展壮大靠什么、接力奋斗做什么",我要努力把学习成果转化为工作动力,争做科研战线上的"花木兰"。

加强价值认同,让优良传统入脑更入心。

根据青年"口味"挑选"食材",烹饪精神"大餐"。将习近平总书记视察胜利油田重要指示精神纳入必学内容,通过青年英才"朝阳工程""青马工程"、青工政治轮训、团内组织生活覆盖全体青年。将传承石油精神、弘扬石化传统作为传统教育重要抓手,各级团组织开展石油石化优良传统主题团课14531场次,开展主题团日4782场次,用"青言青语"让青年从"小故事"中感悟人生"大道理","奋进啊!石化青年"已经成为团员青年共同价值追求。全国优秀共青团员易蒙在阅读完《永恒的石油魂》一书后有感而发,时代各有不同,青春一脉相承,我们要多在基层一线锤炼摔打、多当几回"热锅上的蚂蚁"、多接几次"烫手的山芋"。

强化过程推动,让各项动作务实更高效。

召开青年精神素养提升工程推进会,组织不同专业板块的直属单位交流经验做法,对调研发现问题逐项进行指导,146家直属单位团青组织负责人围绕推进工程走深走实分组研讨措施,紧扣《方案》和13项任务清单,将素养提升工程抓实抓细、抓出成效。深入部分单位基层团支部列席指导"三个问题"大讨论活动,通过宣传报道引导全系统团支部规范完成对标讨论。目前,已开展大讨论活动4760场次，覆盖35周岁以下青年11.8万人。广大石化青年在对标讨论中找到了差距不足，明确了改进方向，列出问题清单和改进措施清单，"向自己宣战"又"挂图作战"，决心不负总书记嘱托，以更加昂扬精神状态和更加优异建功业绩向党的二十大献礼。

《中国青年报》2023年1月12日01版刊发中国石化青年精神素养提升工程成果成效专题报道文章

《中国青年报》2023年1月12日刊发中国石化青年精神素养提升工程成果成效专题报道文章（接01版）

提升青年精神素养　助力青春建功

——《中国青年报》刊发中国石化青年精神素养提升工程成果成效专题报道文章

48天完成2663张设计图纸，提前37天完成全部罐基础施工，提前11天完成全部10座储罐主体安装……前不久，中国石化东营原油库迁建工程投入使用，参与该项目的石油工程建设公司青年突击队克服疫情影响，全力推动技术攻关，一次次刷新了石油工程建设行业纪录，创造了"东营原油库速度"。

东营原油库迁建工程，是2021年胜利油田和山东省东营市的重点工程。2021年10月21日，习近平总书记视察中国石化胜利油田时强调，能源的饭碗必须端在自己手里。

2022年5月20日，国资委党委部署实施中央企业青年精神素养提升工程。同年5月31日，中国石油化工集团有限公司（以下简称"中国石化"）党组全面启动中国石化青年精神素养提升工程，将习近平总书记视察胜利油田重要指示精神列为"必修课"。

"通过参与青年精神素养提升工程，我们更深刻感受到习近平总书记对新时代青年的殷切希望，更明白了肩上担负的使命之重，更坚定了紧跟党的步伐的决心。我们要主动担负起时代赋予青年的责任，为集团公司高质量发展持续贡献青春力量。"东营原油库迁建工程石油工程建设公司青年突击队队长聂新刚说。

高标准起步　高质量开局

开展青年精神素养提升工程过程中，中国石化党建工作领导小组印发相关实施方案，明确实施目标、工作安排、工作要求和任务清单。

中国石化团委书记、党群工作部副主任张昆介绍，中国石化团委以"学习二十大、永远跟党走、奋进新征程"主题教育实践活动为载体，将青年精神素养提升工程目标要求与集团公司党组开展的"牢记嘱托、再立新功、再创佳绩，学习贯彻二十大精神"主题行动任务要求相协同，与企业生产经营各项工作相融合。

通过青年精神素养提升工程，第二十五届中国青年五四奖章获得者、胜利油田物探研究院总工程师秦宁进一步认识到，现在物质条件更好了、精神追求更高了，"为国找油"的使命感也要更强，"艰苦奋斗"的作风要更实，"善于斗争"的本领要更硬。秦宁表示，将聚焦东部老区、西部新区、页岩油等勘探需求，更精准"解码"深层、超深层油气藏，为端牢能源饭碗贡献"胜利智慧"。

江汉油田江汉采油厂团委聚焦让精神具象化、鲜活化，创新形式举办"与石油前辈面对面"座谈会，将学习课堂从教室拓展到江汉第一井、五七会战指挥部旧址等实景教育基地，引导广大团员青年在与前辈的思想连线中感受初心与使命。

燕山石化储运厂在2022年迎来35名新职工，最小的20岁。"刚入职的时候起好步，以后的路才能走得稳、走得长。"燕山石化公司储运厂厂长潘绍晨介绍，厂团委积极响应公司团委和厂党委的号召，迅速开展青年精神素养提升工程，帮助新入职员工扣好迈入职场的"第一颗扣子"。

学习与生产经营同频共振

江汉油田涪陵页岩气公司采气工程管理部生产运行岗青年技术人员王柏寒的重要职责是安全高效生产。但面对气田首次使用干法脱硫工艺，缺乏经验的他屡屡受挫，内心打起了退堂鼓。

恰逢油田火热开展青年精神素养提升工程，王柏寒听了党委书记在主题团课中讲述"涪气人"从无到有、誓夺百亿的坚持，"深刻地认识到了自己同先辈、同习近平总书记对青年的要求相比，还有很多不足，尤其缺少了啃硬骨头的冲劲和勇气"。

在不断的学习和师父的鼓励下，王柏寒有了愈挫愈勇的坚韧和持续攻关的决心。最终，他和同事成功实现了所在区块含硫气井干法脱硫装置的运行优化，也凭借这项成果，荣获了江汉油田2022年青工采油气工程技术分析大赛一等奖。

不同岗位的石化人结合各自工作职责，通过形式多样的活动提升青年精神素养。中国石化报社党委书记、党委副书记分别以《在青春的赛道上奋力奔跑 为中国石化鼓与呼》《学习二十大 永远跟党走 奋进新征程》为主题，讲授青年精神素养提升工程前两课。

在中国石化报社，40周岁以下员工有80余人，占总人数的近60%。该报社团总支书记马明轩介绍，报社团总支以贴近员工需求、陪伴员工成长、服务报社发展为目标，精心打造"周五课堂"，课堂内容包括政治理论和形势任务教育、新闻采编技能、能源化工行业动态及 EAP 心理咨询与辅导等，吸引了不少青年员工参与。

为确保青年精神素养提升工作常态化开展，燕山石化公司建立激励考评机制，为各单位搭建"青"字号竞赛擂台。燕山石化公司董事长、党委书记、分公司代表李刚介绍，此外还安排先进单位进行经验交流，并加强对落后单位的帮扶指导，通过党建带团建、团建共建等平台促进各单位加强交流，做到"带一带，进一进"。

"一起，做更好的"

"一起，做更好的"，是中国石化工程建设有限公司（以下简称"SEI"）的企业核心价值观，也是这里每个青年的共同追求。

在近 70 年的探索与突破、奋斗与开创中，一代代 SEI 人高质量完成了数百家企业 3000 余套装置的工程咨询、工程设计和工程总承包，助力中国石化行业从无到有、从弱到强。

有外部企业青年到 SEI 交流锻炼一段时间后发现，夜晚的 SEI 办公楼依旧灯火通明。在一次座谈会上，年轻人的发言让中国工程院院士、SEI 执行董事、党委书记孙丽丽湿了眼眶，她说，在 SEI 感受到深夜里的灯光就是一种奋斗的力量。

孙丽丽回想当年刚入职 SEI 时，画图全靠一支笔、一张纸。为了训练大家的基本功，老师傅们会要求大家每天都把优秀的和不合格的作业贴出来。"这种严格培养了我们严谨的工作态度。"在与青年交流时，孙丽丽会分享一些行业前辈的奋斗故事或者自己的成长经历。在她看来，现代数字化设计工具给当代青年提供了强力的

"武器装备",但是这些还不够,青年一定要热爱自己所从事的工作,持续提升精神素养,才能作出更大的贡献。

"提升精神素养,给年轻人搭台很重要。"孙丽丽说,工程技术研发注册制、柔性团队制度、揭榜挂帅,都是公司党委为有志于科技创新的青年搭建的成长建功舞台。其中,揭榜挂帅青年攻关课题是 SEI 开展青年精神素养提升工程的重要载体之一,吸引 10 余个青年团队竞争揭榜。

"揭榜挂帅青年课题不限年龄资历、不限专业背景,我的课题团队由来自 7 个专业部室、近 20 名不同学科背景的青年自发组建,既有已经工作几年的高级工程师,也有刚步入职场的新人,工程设计的经验与科研创新的好点子在组员的交流与合作中不断碰撞出激烈的火花。"某课题联合揭榜人、配管室工程师孙翔鸣表示,公司为青年精神素养提升工程的顺利实施制定了完备的方案,指派专家进组把控方向、答疑解惑。"目前,课题研究有序推进,已撰写两篇论文,申请一项专利"。

第二篇 过程推动篇

各级党组织书记、企业先辈讲授青年精神素养提升主题团课场景

第三篇 经验做法篇

经验交流材料

坚持铸魂育人 点亮信仰之灯
在建成千万吨大型油气田新征程中书写青春华章

——江汉油田经验交流材料

2022年5月以来,江汉油田聚焦引领青年"不断增强做中国人的志气、骨气、底气",制定了突出"三学"、讲好"三课"、对标"三问"、建功"五面"的"3335"实施方案,推动青年精神素养提升工程走深走实,凝聚了广大青年建功"万千百"战略目标的青春合力。

一、突出"三学",全方位夯实信仰根基

党组织书记辅导学。公司党委把青年精神素养提升作为党建带团建的重要载体,通过"每月重点工作前置提示、清单化推进确保全覆盖、专题听取工作汇报"的方式,保障顺利实施。公司党委书记甘振维讲授第一课,示范带动20家单位党委书记全覆盖讲授专题团课,引领团员青年听党话、跟党走。

团青干部示范学。把党的二十大精神、习近平总书记在建团百年庆祝大会上的重要讲话作为首要篇章,举办青年精神素养提升示范学习班、青年大讲堂;团干部牵头上讲台,打造"理论微团课+

音乐舞台剧"模式主题团日,实现党的创新理论和青年零距离。

团员青年自主学。制定"青春向阳"晨读计划,配发《论党的青年工作》等书籍2000余本。以"江汉油田共青团"微信公众号为平台,打造云端学习基地,推出"青年讲团史"微团课50余期,《最美青春》等200余部原创作品在石化Ⅴ视等平台展播,网络点赞3万余人次,让学习走"新"更走"心"。

二、讲好"三课",多层次强化传统教育

讲好"启蒙课"。面向新入职青年举办"与石油前辈面对面"座谈会,邀请老石油人赴五七会战指挥部旧址等基地实景讲述创业史,引导青年沉浸式感悟思想伟力、传承红色基因,"三根木头架、赛过机械化"等故事引发强烈共鸣。

讲好"品德课"。聚焦爱岗敬业、创新创效、诚实守信等方面,开展"江汉油田向上向善好青年"评选,线上开设"青春榜样"专栏,线下邀请中华技能大奖获得者等青年典型座谈交流,使典型的精神内涵扎根到每名青年的思想行动中。

讲好"关怀课"。聚焦青年"急难愁盼",创推"暖心"工程,通过常态化开展思想调研、广搭竞赛平台、固化联谊机制、举办文化沙龙,为青年铺就成才路、架好连心桥、激活青春力,不断提升"走基层、访青年、寻最美"实效。

三、对标"三问",多举措激发奋斗之志

丰富载体"比"。紧扣"三个问题",扎实开展"我与先辈找差距"主题讨论、"穿越百年的青春对话"分享交流,引导青年在

与前辈的思想连线中找差距、校坐标，形成问题清单 1200 余条。

瞄准问题"研"。两级团委召开专题研讨会，形成分析报告 20 余篇，精准描绘当前油田青年精神素养状态为"四少四多四补足"，即：与前辈相比，少了艰苦奋斗的精神、吃苦耐劳的韧劲、脚踏实地的品质、无私奉献的纯粹；多了科技信息化的素养、吸收海量信息的能力、包容并蓄的心态、突破创新的劲头；对标习近平总书记的期望和时代与企业的发展要求，还需补足政治素养、补足理想信念、补足基层经历、补足专业本领。

对照问题"改"。34 个团支部召开专题组织生活会，组织团员青年对标"五个模范"要求，检视自身问题，明确改进目标，制定提升计划，青年在大整改中激发了干事创业、担当作为的精气神。

四、建功"五面"，宽领域服务中心大局

聚焦高质量发展，争当攻坚创效先锋。将"号手岗队"等"青"字号活动贯穿于国家级页岩气示范区等重点工程、重大项目、重要节点，广大青年积极投身建成千万吨大型油气田的火热实践，涌现出全国青年岗位能手孙志扬等青年典型 19 个。

聚焦创新驱动，争当科技创新先锋。坚持举办青年科技精英赛、青年科技论坛等品牌活动，推动 4 个青创先锋工作室创建，有效激发青年创新创造活力，2 个项目获"振兴杯"全国青年职业技能大赛优胜奖。

聚焦夯实三基，争当躬行实干先锋。依托"千名干部下基层"

实践锻炼工作，动员青年下沉一线，强化基本功训练。搭建以"双导师"为依托、劳模先进为引领、创新工作室为阵地的三级"传帮带"体系，锤炼青年"硬本领"。

聚焦社会责任，争当志愿服务先锋。21支青年志愿服务队开展与西藏班戈县中石化小学"手拉手"结对、植绿护绿、助老扶幼等志愿服务活动70余场次，1个项目获第六届湖北省青年志愿服务项目大赛铜奖。

聚焦锤炼作风，争当崇德向上先锋。综合运用案例警示、纪法测试、廉洁承诺等形式，为青年全覆盖讲授廉洁从业教育课，引领广大团员青年敬畏法纪，守正笃行，把"勤廉"作为鲜明的青春底色。

江汉油田开展"喜迎二十大、永远跟党走、奋进新征程"主题团日

精神补钙　信仰筑基
为公司安全绿色高质量发展注入"青"动力
——燕山石化经验交流材料

按照集团公司党组关于青年精神素养提升工程的部署安排，燕山石化公司党委以党建带团建为抓手，通过加强顶层设计、充分整合资源、发挥多方优势、监督激励并用，确保青年精神素养提升工程各项工作高质量开展、取得实效。

一、加强顶层设计，把握三个重点

公司党委认真研究制定了实施方案，方案主要有三个特点：

职责明确。青年精神素养提升工程涉及组织、人才、宣传教育等多线条内容，涉及党委组织部、党委宣传部多个职能部门，党委组织各部门进行充分讨论，明确各自的职责内容及相关要求。**方案可操作**。结合公司管理实际，在方案承接时充分考虑了工作的操作落实，让相关责任部门或者基层单位明白需要干什么、怎么干，如何与其他工作协同开展，确保各项方案内容承接落地。**内容具体**。方案设计时更多结合公司实际，按照团员青年的意愿充实了内容、丰富了载体。比如师资的选择以及活动组织，我们通过调研充分听取基层意见，而不是硬性摊派，最终按照"四个阶段"制定了18项具体任务清单，为工作开展打下了好的基础。

二、充分整合资源，做到四个结合

青年精神素养提升工程涉及党团组织生活、宣传培训、石油精神石化传统教育、与中心工作的融合等，工作相互交织，相辅相成，需要通过整合资源、借力发力。

与党建带团建结合。方案首先经过党委会的专题研究，并以党委名义发文下发二级党委，制度上有了保障。其次公司主要领导部署动员，党委书记、党委副书记分别为团员青年讲授专题团课，党委书记例会上安排二级单位党委书记对此项工作进行专题交流。同时，把青年精神素养提升工程纳入党建考核并每季度对各单位开展情况进行讲评。**与中心工作结合**。青年精神素养提升工程要实现四个引领目标，最终落脚点还是服务中心工作的开展，最有效的抓手是"青"字号品牌作用发挥，公司组织以"十大青年标兵"为成员的青年讲师团开展各级宣讲，建立健全公司级"青"字号品牌创建，在"号手岗队"基础上完成了"青年创新工作站"的创建，组织开展了"青"字号品牌样板课，在安全环保方面连续开展"安全环保管理大师赛"，在科技创新方面开展首届"青年学术演讲比赛"，更好地引领青年服务中心工作。**与重点工作结合**。在学习教育上、组织生活上、活动开展上实现统筹，活动内容进一步丰富，活动效果也会有所提升。比如组建公司青年记者团开展各级专访，开展"寻找奋斗者的足迹""光荣在党50年""重访十大青年标兵"系列活动，青年反响较好。**与教育培训相结合**。青工政治轮训、"青马工程"、团干部培训作为团委负责的重点培训课程，与青年精神素养提升工程进行了有效结合，包括邀请党委副书记进行专题授课，聘任退休老领导担任公司级"青年思想导师"定期给团员青年授课，党委书记讲团课优秀课件纳入青工政治轮训课程、安排青年讲师团开展专题交流等，培训效果得到了丰富和提升。

三、发挥多方优势，创新工作开展

工作开展过程中，充分借助内外资源，发挥多方优势，进一步创新工作开展，取得较好效果。发挥关工委资源优势，借助关工委优秀的师资队伍，通过开展青年大讲堂、送课到基层等形式为团员青年讲创业史发展史、讲青年成长、讲家庭教育，同时与关工委老同志联合开展读书会促进青年学习提升。发挥"青年之家"建设优势，以公寓青年活动中心为基础设立的公寓团委，致力于服务住宿青年8小时外生活，开展了形式多样的文体活动，与北京市青年宫建立长期联系，定期送课到青年之家，丰富了住宿青年业余生活。发挥共建交流优势，坚持"走出去""请进来"相结合，广泛开展共建，交流激发内部活力，与北京市市属企业以"青"字号创建为媒介广泛开展交流共建，与总部部门青年工作组、兄弟单位团委进行了多次共建，通过交流实现取长补短、资源共享，进一步促进各项工作质效提升。

四、监督激励并用，建立长效机制

为保障各项工作持续有效开展，建立有效的监督激励机制，最终实现成果固化。一是把青年精神素养提升工程相关工作纳入党建考核，每季度进行一次全方位、全覆盖的检查，根据各单位工作表现进行 ABC 评定，并在党委书记例会上进行讲评，以促使各单位党委重视此项工作开展。二是通过推优荐才平台进行正向激励，通过日常观察、各单位推选、活动竞赛等途径，把政治素养高、工作能力强的青年凸显出来，按照程序纳入青年人才库并推荐给党委组织部进一步培养使用。同时，在全面总结阶段，结合前期初步总结归纳的"家国情怀、朝气蓬勃、奋斗奉献、担当作为"的燕山石化青年品质，最终评选第 28 届十大青年标兵。三是推陈出新打造样

燕山石化有机化工厂 VAC 装置二列检修青年突击队授旗仪式

板课，针对青年精神素养提升工程推进过程中的常规性、普遍性工作，我们打造推优入党、"青"字号品牌创建样板课，让各级团组织及团员青年直观、清晰地了解重点工作怎么干、日常工作怎么抓，让青年精神素养提升工程更加生动、形象。

扎牢思想根基　凝聚奋进力量
持续推进青年精神素养提升工程走深走实
——物装（国事）公司经验交流材料

青年精神素养提升工程开展以来，物资装备部（国际事业公司）[以下简称物装（国事）]认真贯彻落实集团公司部署，结合实际研究制定"1369"工作方案，筑牢青年思想根基，凝聚青春奋进力量，通过"四抓四促"持续推进青年精神素养提升工程走深走实。

一、抓理论学习、促思想淬炼

一是聚焦主题集中学。组织团员青年深入学习贯彻党的二十大精神和习近平总书记在庆祝中国共产主义青年团成立100周年大会上的重要讲话精神，党委书记、12家境内公司直属党组织书记向全体青年讲授主题团课，团支部书记开展党的二十大精神专题宣讲，共开展集中学习教育29次。

二是多种形式线上学。举办13期"团子的云旅行"网上主题团课，青年骨干结合所在地区和单位特色，讲授党的青年运动史、物装（国事）青年故事，引导青年传承红色基因。

三是主题团日沉浸学。通过赴爱国主义教育基地参观，组织观看红色影片等形式开展主题团日38次，促进青年进一步厚植爱党、爱国情怀。

二、抓传统教育、促精神洗礼

一是资深前辈"讲"传统。 邀请中国石化劳动模范、资深前辈以"劳模故事会"形式讲授石油精神、石化传统,引导青年进一步践行"严细实"优良作风。

二是对标研讨"学"传统。 围绕"三个问题"组织对标研讨27次,青年自我剖析、深入讨论,列出问题清单,明确努力方向,制定提升目标,完善整改措施。

三是学习展示"悟"传统。 编印《青春奋进新征程》主题画册,全面展示物装(国事)2006年3月重组整合以来,共青团组织团结青年、凝聚青年、服务青年的工作成果,以及青年立足本职岗位,奉献最美青春的亮丽风采。组织百名青年拍摄庆祝建团百年主题MV《我们的时代》,结合中心工作改编歌词,弘扬青春正能量,坚定奋斗信心。

三、抓人才培养,促示范带动

一是"号手岗队"树标杆。 通过单位推荐、在线投票、评委打分,选树1个青年文明号、3支优秀青年突击队、十佳青年岗位能手和20名青年示范岗,充分发挥典型示范带动作用。

二是"培养模型"畅通道。 建立青年培养模型,实施育苗计划、英才计划、后备计划,通过政治轮训、"青马工程"加强培训学习,通过"师带徒"、跟班学习等方式强化实践锻炼,通过岗位考核、人才盘点等方式选拔纳入人才库,实现青年从入职到成熟成才培养"全链条、有衔接、无死角"。

三是"青年讲台"展风采。在每周的党政联席扩大会上,2名青年骨干登上"展青春风采、聚奋进力量"青年讲台,围绕主责主业、重点工作、主题活动谈工作思路、谈收获体会、谈意见建议,发掘青年人才,锻造青年队伍。

四是"英语大赛"搭舞台。坚持聚焦中心、服务大局,以赛促学、以学促用,举办物装(国事)第七届青年英语风采大赛,建立优秀外语人才选拔途径,搭建青年员工才华展示舞台,促进青年英语水平提升。

五是"导师带徒"助提升。建立新入职员工"双导师带徒"和青年骨干"专家师带徒"培养模式,近5年累计结对师徒369对,通过评选优秀师徒,组织经验交流,开展"我与师傅找差距"活动,"传帮带"效果进一步显现。

四、抓实践锻炼,促岗位建功

一是团建共建促融合。聚焦重点工程项目建设和生产经营物资采购,以"团建共建"为抓手,与金陵石化、镇海炼化等保供服务企业开展理论学习、业务交流、文化活动,加强深度交流,拉近青年距离,促进青年更好履行保供职责。

二是跟班学习长本领。以武汉公司为试点,组织11名青年员工赴中韩石化、湖北石油、石化机械公司等企业一线跟班学习,制定计划目标,开展工作交流,组织专题研讨,及时跟踪成效,青年专业素质能力有效提升,主动服务意识不断增强,保供服务质效显著提升。

三是志愿服务强担当。以"志愿者的笑脸"为主题,围绕疫情

物装（国事）举办第七届青年英语风采大赛

防控、社会公益、中国国际进口博览会签约仪式等重大活动常态化开展志愿服务活动26次，百余名青年积极参与，志愿精神充分彰显。

四是办好事暖人心。完善团干部联系青年机制，实现35周岁以下青年联系全覆盖，使共青团真正成为反馈青年心声的"第一信号"，持续开展亲子活动、青年联谊、职称备考、心理辅导、文体活动等，和谐家企氛围日渐浓厚。

学习教育活动

> **"有声有色"创新活动形式**
> **"有行有效"抓实学习教育**
>
> ——科技部开展学习教育活动经验做法

自青年精神素养提升工程启动以来，科技部持续强化青年思想政治引领，带动岗位建功实效，引导青年为公司高质量发展贡献青春力量。

一、开展"磨砺提升精神素养、奋斗勇担科技重任"主题团课

党总支书记卞凤鸣讲授"磨砺提升精神素养、奋斗勇担科技重任"主题团课，与青年们分享了新时代赋予中国青年的机会和挑战，鼓舞青年发挥生力军和突击队的作用，不忘初心跟党走，奋勇建功新时代。期间，全体青年观看了《新时代中国青年》宣传片。

二、定期开展"百年征程正青春、科技奋斗正当时"学习分享会

组织召开线上"百年征程正青春、科技奋斗正当时"学习分享会，党总支书记卞凤鸣带领青年深入学习习近平总书记在庆祝中国共青

牢记嘱托·砥砺奋进

科技部召开"牢记嘱托、再立新功、再创佳绩,喜迎二十大"青年座谈会

团成立100周年大会上的重要讲话精神,传达集团公司党组部署要求,在青年员工中广泛宣传习近平总书记对青年的关心关怀。

党总支组织青年党员开展"我心向党 科技强国"线上学习分享会,青年科技工作者们结合自身工作岗位职责和当前重点工作,畅谈感受。会上,青年们纷纷表示要立足岗位职责,为科技创新做好服务。努力当好协调者,充分发挥组织牵头作用,做好国家战略科技任务攻关体系机制建设,完善攻关配套政策,为关键核心技术突破提供坚实保障。

三、开展青年科技部与科学家面对面特色活动

组织开展了"致敬科技脊梁、续写石化荣光 勇担打造世界领

先企业的青春使命"青年科技部与科学家面对面活动。邀请中国工程院院士曹湘洪、袁晴棠讲述石油化工创业发展史。两位院士结合自身科研工作经历，饱含深情回顾了石化科技崛起之路，分享了他们对科学家精神的感悟，并对青年科技工作者提出殷切期望。青年们围绕"同先辈相比，我们身上少了什么""同先辈相比，我们身上多了什么""同新时代企业发展需要相比，我们还需要什么"3个问题进行深入讨论，找到差距不足，自觉整改提升，提高了青年科技工作者干事创业的热情。

四、举办主题朗诵比赛

组织开展"永远跟党走、奋进新征程"青年诗朗诵比赛，以朗诵经典诗歌的形式学习党领导中国青年运动的光辉历程，引导青年自觉传承发扬党的光荣传统和优良作风，自觉肩负历史使命，以坚定的理想信念砥砺对党的赤诚忠心。

坚持"三高"统筹推进　打造"四学"走深走实

——安庆石化开展学习教育活动经验做法

安庆石化坚持"高起点+高标准+高效率"统筹推进，积极打造"四学"模式，全力推动青年精神素养提升工程学习教育走深走实。

一、强化领导引领力，抓实各级"领学"

坚持发挥"关键少数"作用，强化各级领导引领力，推动形成"党团齐心发力、共助素养提升"的良好工作格局。公司党委书记带头讲授主题团课、部署宣贯工作要求，压实各级党团组织工作责任。各直属单位党组织负责人结合各单位实际，为青工讲授专题团课，讲透公司发展形势及年度重点任务，累计开展专题团课39次，形成了层层领学、人人跟学的比学赶超氛围。各直属单位团组织组织青年志愿者走进独秀园、明伦堂、国货街以及安徽共青团成立大会所在地菱湖公园茶社，策划、拍摄、剪辑、制作专题视频，推进青年讲团史大普及。

二、强化先模感召力，邀请榜样"讲学"

坚持弘扬石油精神、赓续石化传统、讲好石化故事，邀请本单位劳模先进开展"青工与劳模面对面"活动，分享先模们在岗位上默默坚守、甘于奉献、匠心筑梦的奋斗故事。化工二部邀请全国

安庆石化召开青年精神素养提升工程推进会

"五一"劳动奖章获得者龚荣庭大师为青工们传授了工作经验、讲授了成才之道。龚荣庭用朴实的语言，从29年前大庆实习之路开始，讲述扎根基层，在朴实平凡的岗位上，一步一个脚印不懈奋斗的人生经历，激励青年积极建功岗位、加快成长成才。

三、强化团组织向心力，突出集体"研学"

坚持党建带团建，紧扣"思想教育、主题实践"两条主线，通过"清单式"动态提醒、"周期性"闭环跟进等形式，将青年精神素养提升工程与"喜迎二十大、永远跟党走、奋进新征程"主题实践活动与安庆石化年度重点工作紧密结合，强化各级党团组织凝集力。依托"青马工程"读书会，开展"共读一本书""假如书桌只留一本书"等主题活动，吸纳更多的青年加入学习交流讨论；发放

《习近平在正定》《习近平与大学生朋友们》《之江新语》《红船精神》《零容忍》等学习材料,促进青年"读""说"结合,充分交流心得体会,切实做到学习有质量、研讨有意义。

四、强化青工战斗力,深化岗位"苦学"

坚持围绕中心、服务生产,以大修改造、项目中交、疫情防控等重点工作为抓手,开展"安全检修 青春守护"主题团日活动,成立40余支青年突击队,招募青年安全监督员300余人,发放《青工大修笔记》500余本,引领青年在"急难险重新"任务中担当奉献,促进青工技能水平提升。常态化开展青工实操讲堂活动,培养青年骨干走进装置现场、走上讲台,开展经验交流分享,全年累计开展活动120余场次,累计2200余人次参与。

赋能促成长　蓄势再出发
筑牢高质量发展的青年之基

——云南石油开展学习教育活动经验做法

云南石油分公司深入贯彻集团公司工作要求，全力带领青年践行习近平总书记"牢记党的教诲，立志民族复兴，不负韶华，不负时代，不负人民，在青春的赛道上奋力奔跑"的寄语，深入贯彻落实青年精神素养提升的工作部署，坚持高起点谋划、高标准推进，将人才强企工程和英才"朝阳工程"相结合，不断推进青年成长成才，深化青年思想引领，厚植爱党爱国爱企情怀，激励青年立足岗位砥砺奋斗，在云南石油青年人才成长的关键时期注入"加速剂"。

以政治建设为引领，凝心铸魂坚信念。 以习近平新时代中国特色社会主义思想为指引，深入贯彻落实习近平总书记关于青年工作的重要思想，牢记习近平总书记视察胜利油田时的殷切嘱托，丰富学习书目、学习内容、学习载体，统一配发《论党的青年工作》1400余册，开展青年政治轮训17期，开展主题研讨1300余站次、11库次，教育引导青年深刻领悟"两个确立"的决定性意义，在深学笃行中增强"四个意识"、坚定"四个自信"、做到"两个维护"，将政治理论学习融入到日常团组织生活中，让青年学在经常、学在日常，充分落实青年素养提升"第一课"，持续增强青年志气、骨气、底气，不断激发青年"跟党奋斗、强国强企"的信心决心，努力在公司高质量发展转型升级进程中施展才华、建功立业。

以红色教育为依托，团结奋斗明初心。结合党史在云南，结合云南边疆、民族、山区、美丽的新省情，充分用活扎西会议、老山精神、西畴精神"红色教材"，各地州分公司会同中国石油、云南交投、昭通高速等中央、省属、市级国有企业及社会单位，通过组织参观驻地革命教育、文化基地等了解革命历史，累计达100余次，学习先烈们在推进党的建设、云南解放、民族进步、高质量发展中所取得的辉煌成就，感悟"为了祖国和人民的利益，不怕艰难困苦，不怕流血牺牲，英勇顽强、一往无前的革命精神"以及"等不是办法、干才有希望""今天再晚也是早、明天再早也是晚"的深邃要义，参观红色教育基地既给青年们带来精神上的满足，也能使大家对祖国和革命历史有更全面的了解和更深刻的认识。同时，强化宣传引领，开设"我与岗位共成长""我身边的榜样""石油精神、石化传统"等宣传专栏，累计编发各类宣传素材360期，激励青年们在"沉浸式"学习、"互动式"体验中用实际行动做红色教育的传播者、践行者，激发青年们热爱祖国、爱人民的情操，增强共产党员和新时代青年正确的世界观、人生观和价值观。

以培育英才为抓手，丰富平台重实训。落实党建带团建要求，坚持好中选优，会同党委组织部，建立128名青年人才储备库，以"线上＋线下""集中＋自学"相结合的模式，组织实施青年英才培训。

线上，依托中国石化网络学院开设专题培训班，从英才培养的各个维度科学合理安排课程，突出思想政治素养，内容涵盖政治理论学习、企业文化与核心价值观、安全教育、管理提升及廉洁从业教育等相关课程；线下，专门邀请集团公司高级专家、省内外高校名师来现场授课，采取户外拓展训练、集中授课、分享交流、参观红色教育基地等方式不断丰富培训内容，打通成长成才通道，让青年们在更加具备针对性的培养平台上提升自我、找准定位，快速实现自身成长。同时，开展"优秀青年骨干"上讲台活动，率先编制省公司机关行动计划，以"身边事教育身边人、身边人培训身边人"的

云南石油"青年英才"培训班开展拓展训练

方式，提升青年员工的实践能力。

云南石油团委切实将精神素养提升理论优势转化为攻坚克难、岗位建功的行动自觉，结合青年干部培养工作，践行青年精神素养提升目标，着眼青年员工管理能力提升，运用"项目工作法、一线工作法、典型引路法"，搭建重点工作督导、督查检查、志愿帮扶等实践锻炼平台，注重在青年素养提升过程中发现青年、挖掘青年、培养青年，努力建设一支对党忠诚、德才兼备、本领过硬，年龄和专业结构合理、素质优良的人才队伍，为公司培养一批梯次合理、数量适中的后备干部队伍，为云南石油高质量发展提供人才和智力支撑。

"三个问题"大讨论

以"四强四促" 促进青年精神素养提升
——综合管理部开展"三个问题"大讨论经验做法

综合管理部深入贯彻落实《中国石化青年精神素养提升工程实施方案》，紧紧围绕"四引领"目标和"四阶段"路径，着力打造"青年悦读会"品牌活动，高质量推进大学习、大讨论、大实践，动员青年员工积极投身主题行动，立足岗位建功立业。

一、强理论促青年信念提升

坚持集中学习与个人自学相结合，在拓宽学习的辐射面上下功夫。支部层面，各党支部以主题党日活动为载体，深入学习习近平总书记在庆祝中国共产主义青年团成立100周年大会上重要讲话精神，青年代表分享学习心得体会。及时跟进、集体学习习近平总书记最新重要讲话精神和关于国有企业改革发展和党的建设重要论述等内容，促进青年员工在学思践悟中深刻领悟"两个确立"的决定性意义，增强"四个意识"、坚定"四个自信"、做到"两个维护"。部门层面，定期以"青年悦读会"形式积极开展活动、不断探索创新。聚焦党史教育、石油工业史教育和石油石化优良传统教育，紧扣青年思想作风锤炼和能力养成进行读书分享，邀请专家讲

牢记嘱托·砥砺奋进

综合管理部召开"三个问题"大讨论座谈会

授主题团课，进一步丰富活动内容，提升集中学习效果，青年员工爱党爱国、忠企为企、建功立业的信心和决心更加坚定。

二、强对标促青年作风提升

坚持把青年员工的实干担当作为重心之一，以"青年悦读会"为载体，聚焦"三个问题"，深入组织开展对标讨论。经过激烈的思想碰撞，大家普遍认为，同先辈相比，我们这一代青年人艰苦奋斗和吃苦耐劳不够，在理想信念、远大志向、优良作风、开拓创新、担当作为、主人翁意识等方面还存在不少差距；拥有更高质量的发展条件，物质条件更加优越，知识结构更加完整，发展机遇更加广阔，精神成长空间更加富足，实现人生出彩的舞台更加宽广；同习近平总书记对新时代中国青年的期望和时代与企业发展要求相比，还需要在立大志、勤学习、善创新、强担当、传承优良作风等方面不断完善自我，努力向上攀登，不做"山腰"青年。通过对思想作风的深刻洗礼、"自画像"式地深刻剖析反思，引导青年员工自省、自悟、自警、自励，大家进一步牢记"空谈误国、实干兴邦"，坚定在求真务实的担当实干中成就人生精彩，在艰苦奋斗的创新创造中书写石化青春华章。

三、强实践促青年业务提升

青年员工不仅要有担当的宽肩膀，还得有成事的真本领。部青年工作组研究、用好"三个问题"大讨论成果，聚焦青年核心本领，动态开展业务能力提升行动，以专题讲座、线上线下指导等方式，通过"培训＋帮带＋研讨"齐头并进，不断提高年轻员工能力短板，把素养提升成效转化为岗位建功实效。落实集团公司党组书记对《关于公文工作的思考与研究》批示，围绕优秀文稿，组织起草人员讲授心得、分享经验。举办俄乌局势分析专题讲座，邀请北京大学国际战略研究院专家授课，围绕俄乌形势、油价分析等分享交流，着力增强大局意识和全局观念，强化风险意识和底线思维。成立哲学理论、石油石化史、党内法规等学习兴趣小组，定期组织交流，及时共享成果，成为提素质、长本领的"推动器"。部门青年员工积极参与承担重点工作、开展课题研究，《加快多元能源产业耦合与基础设施共享，推动CCUS产业集群式发展》课题任务得到国资委充分肯定，《中国石化在完善公司治理中加强党的领导的实践探索》获第三十一届管理现代化创新一等成果。

牢记嘱托·砥砺奋进

多措并举　固化成效　扎实推进对标讨论工作
——工程建设公司开展"三个问题"大讨论经验做法

对标对表找差距，聚焦聚力强落实。工程建设公司按照《中国石化青年精神素养提升工程实施方案》，统筹谋划、周密部署，多措并举，扎实推进，组织全体青年聚焦"三个问题"深入开展对标讨论，在与先辈思想"连线"中触及灵魂、找到差距，进一步坚定了青年学习继承先辈优良传统的决心，增强了青年的责任感和使命感。

一、下沉促提升，排忧解难走基层

"做青年友、多为青年计"。基层团组织离青年最近，接触青年最经常，服务青年最广泛，参加基层对标讨论更利于倾听青年心声。2022年8月19日，集团公司团委书记张昆带队调研并列席工艺室第一团支部对标讨论会。公司团委召开专项推进会，全体团委委员、团总支/团支部支委主动列席基层青年小组对标讨论会，确保每场讨论都有团干部出席，倾听青年心声、凝聚青年智慧、引领青年成长。

二、党建带团建，凝心聚力扬风气

把青年精神素养提升工程作为党建带团建的重要载体。公司执行董事、党委书记孙丽丽以"全面提升本领，主动迎接挑战，成长为'端牢能源饭碗'的依靠力量"为主题,结合公司发展实际,为全体团员青年讲授了一堂生动的主题团课。公司总经理、党委副书记吴德飞以"努力做到比期望的更好"为主题,与青年面对面座谈交流。公司党委副书记、纪委书记、工会主席周予川专题调研基层团组织对标讨论会召开情况并提出要求。各党支部举办"党支部书记讲团课"近30场,党支部书记出席本部门团支部青年的对标讨论会,充分发挥党组织的政治引领、思想凝聚和组织保障作用,聚焦青年查摆不足和整改目标,为青年提供坚强有力的资源支持。

三、老将传经验,薪火相传感精神

在对标讨论中,各团组织特邀公司资深专家出席并讲述奋斗故

中国石化团委参加工程建设公司工艺室第一团支部"三个问题"大讨论

事，分享人生感悟，为青年员工传递了强大的精神力量。与会青年备受鼓舞，深感振奋，更感重任在肩，纷纷表示，将继续坚定理想信念、奋发实学实干，将个人成长融入公司发展历程中，与企业同发展、共奋斗，在"奋进新征程、建功新时代"中展现青春担当。

四、分组精谋划，成果共享促进步

表达碰撞火花，交流开阔视野。结合业务特点与工作实际，团组织委员精心谋划，将八到十人分为一组，每人发言8分钟，让每位青年都能充分表达自己所思所想，完成有效、高质量的讨论。在团支部内部讨论的基础上创新性地开展跨公司、跨部门、跨专业、跨年龄的对标讨论，助力青年在公司创新驱动、转型发展中勇做创新创效的开拓者。会后，青年们将自己的发言内容整理为一页发言提纲，互相传阅，共享成果，共同进步。有知并有行，抢抓机遇共落实。青年员工们在深刻剖析反思后，明确改进目标，制定整改措施。各团支部将青年整改计划纳入支部重点工作，有针对性地提供支持帮助并进行定期督导。通过整改提升，青年树牢矢志永久奋斗、接续奋斗的精神追求。

> **聚焦"三个问题" 抓实对标讨论**
> **促进青年精神素养和能力素质双提升**
> ——润滑油公司开展"三个问题"大讨论经验做法

润滑油公司认真贯彻落实集团公司关于青年精神素养提升工程部署要求,组织全体青年聚焦"三个问题"深入开展对标讨论,在与前辈找差距中接续青春奋斗信仰,在抓实问题整改中促进青年能力提升,在深化对标成果运用中构建助力青年成长成才体系,为青年搭建成长平台、激发成长动力、厚积成长能力。

一、对标前辈找差距,接续奋斗青春信仰

坚持以红色铸魂,点燃青春之火,凝聚青年坚定信念跟党走。党委书记夏世祥讲授第一课,带领全体青年学习中国石化润滑油事业的发展史。集团公司劳模、公司专家梅莉讲授第二课,带领青年回顾几代润滑油人坚守、坚信、坚定推进国产民用航空大飞机配套润滑油国产化的故事。生动的课程引导青年传承公司"因保障国家战略而生,应服务国家战略而兴"的红色基因,勉励青年学习前辈们报效祖国殷切的情怀、捍卫国家与民族利益的理想信念、严谨务实的科研作风传承下去并发扬光大。在前辈的精神感召下,公司38个团支部、13个青年工作小组的全体团员青年以主题团日、青年大讨论等形式开展第一轮对标讨论,运用"学习研讨+头脑风暴"

的方法，团干部带头谈，团员青年敞开谈，结合自身工作和身边人、身边事，在与先辈的思想"连线"中触及灵魂，找差距、补短板、强弱项。根据团员青年大讨论清单，初步总结提炼出"五多五少五补"讨论结果。同先辈比，青年多了更活跃的思维、更开阔的视野、更包容的思想、更全面的指示、更充足的胆量，少了本色精神、担当精神、奋斗精神、斗争精神、工匠精神；同习近平总书记对新时代中国青年的期望和时代与企业发展要求比，青年需要补钙、补气、补劲、补能、补技。

二、加强党建带团建，抓实整改促进提升

第一轮对标讨论结束后，公司召开青年精神素养提升推进会，党委副书记、纪委书记兼工会主席房家贵调研基层团组织对标讨论情况并要求，公司机关各党支部及各直属单位党委要以青年精神素养提升工程作为党建带团建的重要载体，督促指导青年建立对标检视问题清单和整改问题清单。各党支部开展"与青年面对面"活动，党支部书记出席本部门团支部青年的第二轮对标讨论会，深入了解青年所思、所学、所悟，指导青年细化整改措施，有针对性地组织青年开展岗位练兵、技能比武、业务竞赛等"实践育人"工作，帮助青年抓实整改；及时了解青年所思所想所忧所盼，建立"我为青年办实事"清单，切实解决青年工作生活后顾之忧。

三、用好对标成果，构建青年成长成才体系

9月27日，公司召开青年精神素养提升工程对标讨论成果汇

报会,来自生产、销售、科研、管理等岗位的青年骨干汇报了本业务线条对标讨论成果,为青年成长成才、行稳致远指明了方向。公司结合对标讨论成果,做好对标讨论"后半篇文章",充分发挥润滑油业务全产业链优势,围绕青年人才的"培、育、选、用",配套制定8项制度,构建了研、产、销、技术服务一体化全产业链、全周期青年人才培养体系,拓宽青年人才事业平台,助力青年成长成才。

青年兴则国家兴,中国发展要靠广大青年挺膺担当。润滑油公司将持续推进青年精神素养提升工程走深走实,着力打造一支具有

润滑油公司新入职员工开展"三阶段"培养,在研究院学习专业技术知识

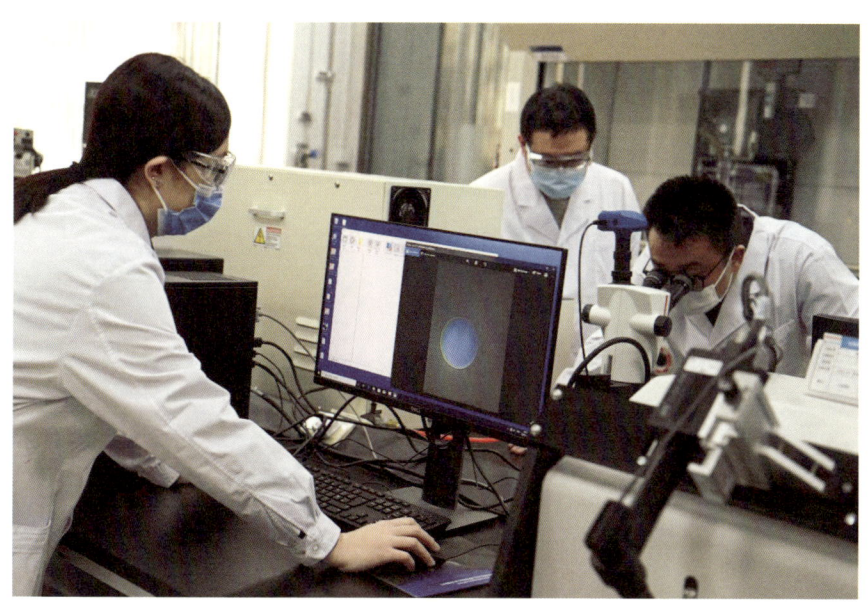

润滑油公司特色的"技术+市场+服务"发展模式人才队伍，为中国石化润滑油事业不断培养和输送政治过硬、业务精湛、敢于争先、甘于奉献的青春血液。

专题组织生活会

把握"五个维度" 突出"五有质量"
——江汉石油工程公司开展专题组织生活会经验做法

基层团组织生活会是加强团的思想建设和组织建设的重要途径。作为检验青年精神素养提升工程成效的重要"标尺",江汉石油工程公司把开好团组织组织生活会作为团员青年增强政治素质、提升思想境界、锻造过硬团性、改进工作作风的有力抓手,严把"质量关",聚焦"学、谈、查、评、改"五个关键环节,把握"五个维度",突出"五有质量",高标准规范化开展专题组织生活会。

一、聚焦"学"的维度,思想基础夯实有质量

紧扣青年精神素养提升工程要求,把握组织生活会主题,聚焦学习习近平新时代中国特色社会主义思想、学习贯彻党的二十大精神等四个层面,用好三种资源,构建多形式、分层次、全覆盖的学习体系。用好理论资源,组织56个团支部采取主题团日、23个团支部采取读书会分享会等形式,购发《党的二十大报告辅导读本》等书籍682册,开展党的二十大精神专题宣讲辅导和习近平总书记讲话精神研讨,深化理解和认识。用好党内资源,邀请湖北省委党校、团校讲师"线上"开办党的二十大精神专题辅导班,累计2038名

青年参与培训。用好外部资源，针对石油工程点多、线长、面广的特点，组织各工区团员青年到武汉中央监察委员会旧址、重庆涪陵816地下核工程旧址和红安爱国主义教育基地等学习8批次，进一步坚定了团员青年永远跟党走、奋进新征程的决心和信心。

二、聚焦"谈"的广度，剖析问题深刻有质量

坚持把谈心谈话作为开好组织生活会的关键环节，坚持"三个必谈"，实现谈话全员全覆盖，夯实了批评和自我批评基础。坚持"普遍谈"与"重点谈"，在组织2038名团员青年谈话的基础上，由团组织书记专门对思想上有情绪的、工作上有分歧的、生活上有困难的67名团员进行重点谈话，坦诚相见、交换意见。坚持"请来谈"与"下去谈"，除集中开会收集意见建议外，各团（总）支部书记主动深入一线，征求改善休假制度、强化线下培训、增加交流联谊等意见167条。坚持"线下谈"与"线上谈"，在面对面谈的基础上，充分利用视频等媒介，线上开展谈心谈话487人次，消除隔阂、增进理解，引领青年强化政治意识，弘扬石油石化精神，在石油工程行业背景下想问题、做工作、找定位。

三、聚焦"查"的准度，自我反省清澈有质量

严格对照青年精神素养提升工程要求，结合思想实际、职责实际、工作实际，除规定的对标查摆外，充分做到三个结合，盘点检视存在的差距和不足。把个人查摆与习近平总书记要求相结合，结合学习宣传贯彻党的二十大、贯彻落实"端牢能源饭碗""再立新功、再创佳绩"指示精神，查找自身在坚定理想信念、增强"两个维护"

等方面存在的差距和不足。把个人查摆与弘扬石化传统相结合,对标先辈典型,对标"三老四严""四个一样",全体团员青年从主观上找问题、从思想上找根源,勇于解剖自己,深刻查找自身的差距和不足,在传承石油精神、弘扬石化传统中找途径、找办法。把个人查摆与推进高质量发展相结合,结合"全年工作目标我该怎么做"等三方面开展思想作风大讨论,认真检视八大类问题426个,深入剖析原因,明确整改措施。例如,科研一线的团员青年在查摆剖析中纷纷表示,将牢记习近平总书记视察胜利油田指示精神,把科研写在能源报国的大地上,真正把研究成果转化为"端牢能源饭碗"的有力"臂膀"。

四、聚焦"评"的深度,揭短亮丑尖锐有质量

坚持把开好组织生活会作为强化政治意识的重要环节,强化"评价"这个关键点,推进组织生活会走深走实。会议过程有评价,规范会议召开流程,制定会议工作清单,落实重温入团誓词、汇报准备情况、谈体会收获、点评讲话四个步骤要求,对组织生活会进行全过程的评价。自我批评有评价。采取"一人谈、众人帮、逐人开展"的批评与自我批评方式,要求发言时间不少于5分钟,讲问题抛开面子,不避重就轻,不含糊其词,每位团员青年均对其他团员青年提出至少2条意见建议。先进评议有评价。在个人自评、团员互评的基础上,各基层团组织采用民主测评的方式对团员进行先进性评议,在"有辣味"的同时,让默默无闻的优秀团员站出来,品尝"甜味",先后评选优秀团员456名。

江汉石油工程公司组织青年听取816核工厂创建历程

五、聚焦"改"的力度,服务发展大局有质量

坚持目标导向、问题导向、结果导向,坚持把"问题清单"当作"必答题",结合"三个指标"衡量整改成效,凝聚发展合力,切实推进整改。把团员青年满意度作为衡量问题整改成效的重要指标,将存在问题和整改情况向团员青年公示,发放问卷689份,公司整体"我为青年办实事"完成率达到95%,切实提升团组织的政治功能和服务功能。把团组织工作质效水平作为衡量问题整改的重要指标,组织团干部精准制定专项整改方案,明确组织政策解读、开展线下培训等措施58条。68名支委委员作出269项整改承诺,对

团员青年关注程度高、反映比较集中的联谊等57个问题立行立改。把推动公司发展作为衡量问题整改的重要指标，公司各级团员青年转变工作作风，紧盯公司高质量发展目标任务，全体团员青年砥砺奋进、奋发有为，争当特色领先发展生力军，截至目前，65支青年突击队累计创造施工工程纪录39项，56项创新成果在顺北区块、涪陵气田应用，有力推动能源勘探开发。

牢记嘱托·砥砺奋进

抓好"三个关键" 确保专题组织生活会高质高效
——广州石化开展专题组织生活会经验做法

广州石化深入贯彻落实习近平总书记关于青年工作的重要思想，以高度的责任感和使命感推进青年精神素养提升工程，高标准召开"我和先辈比奋斗"以及"学习二十大、永远跟党走、奋进新征程"暨"牢记总书记嘱托、凝聚石化青年创新奋进力量"专题组织生活会，坚持问题导向，聚焦青年需求，切实强化青年精神素养提升成效，坚定团员青年在公司安全绿色高质量发展的新征程上再立新功、再创佳绩的青春共识。

一、带着问题"学"，学思践悟夯基础

以专题组织生活会为主要载体，围绕"怎么学、在哪学、跟谁学"，强化政治理论学习成效，推动青年精神素养提升到基层、到区域、到班组。

解决好"怎么学"的问题。创新形式手段，丰富学习载体，掀起青年大学习、深学习、精学习热潮。把学习习近平总书记最新重要讲话和重要指示批示精神作为团组织生活的"第一议题"，形成了"团干部领学、团支部研学、团员普学"的"联学联动"工作模式，充分发挥组织优势和动员能力，着力提升思想政治引领实效。打造"广州石化青年大学习讲堂"品牌，深入实施"青马工程"、直属单位团组织书记和基层团干部培训班、青工政治轮训班，推动党的创新理论深入人心。

解决好"在哪学"的问题。各基层团组织充分利用好班组"班中会"，以党员带团员的方式组织集中学习，让理论学习的阵地更加灵活。以单身公寓青年活动小组为载体，打造"青年之家"图书室这一学思践悟新平台，为青年创造了随时随地学习的机会。用好广州石化报、大田风杂志、微信公众号等媒体平台，开设青年视角专栏，推送学习内容、展示工作动态、分享青春感悟，推动学习融入日常，学在经常。

解决好"跟谁学"的问题。广泛开展"团干部讲团课"活动，各级团组织书记深入基层、深入青年开展理论宣讲，把习近平总书记重要讲话精神讲透、讲活、讲生动，形成"学理论—作宣讲—深入学理论—更好作宣讲"的良性循环。积极发动各级青年岗位能手、"两红两优"获得者等青年代表讲述个人成长奋斗经历，发挥典型引领示范作用，增强团员青年建设具有世界一流竞争力的安全绿色低碳城市型炼化示范企业的信心和决心。

二、聚焦问题"论"，对标对表找差距

瞄准"同先辈比，我们身上少了什么""同先辈比，我们身上多了什么""同习近平总书记对新时代中国青年的期望和时代与企业发展要求比，我们还需要充实什么"三个问题，公司团委组织团委委员、直属团组织书记"论"，21个团支部组织基层一线团员青年"论"。对照习近平总书记对团员青年提出的"五个模范"要

求及企业发展目标要求，立足岗位工作学习实践，谈清差距所在、剖析思想根源、明确改进方向和措施。对标大讨论开展中，团员青年对照查摆问题、梳理问题清单、制定改进措施，做到"找差距、补短板、强弱项、促提升"，教育引导团员青年将学习贯彻习近平总书记重要讲话精神的成效体现在青年岗位建功的实效上，在"急、难、险、重、新"的任务中挺膺担当，提升团员青年投身公司安全绿色高质量发展的主动性和紧迫感。

利用青年马克思主义者培养工程暨团干培训班举办的契机，在深入学习领会党的二十大精神，开展好"新时代10年的伟大成就"专题学习的基础上，组织青马班学员深入"论"，谈思想认识、谈业务能力、谈岗位建功、谈作风形象，进一步引导青年骨干成为建设"洁净能源"和"转型升级"双示范广州石化的先锋力量。

三、针对问题"谈"，以知促行抓实践

从对话到谈话，坚持将谈心谈话与公司高质量发展重点工作相结合、与青年思想动态调研相结合、与引导团员青年成长成才岗位建功相结合，切实把工作成果转化为服务团员青年的生动实践。

组织开展"一对一、面对面"谈心谈话，坚持"四必谈"：团支部委员面对面谈；团支部委员和团员青年面对面谈；团员青年和团员青年面对面谈；团支部书记和反映问题多的团员青年面对面谈，找问题、剖根源，引导团员青年谈出真话、实话、心里话，对团员青年进行精准画像，为做好下一步工作提供支撑。针对存在三类问题的团员青年：一是对于党的政治理论不想学、不真学、不深学、

广州石化组织"青验员"开展专题组织生活会

不苦学的团员青年;二是存在"佛系""躺平"等现象,缺乏奋斗精神的团员青年;三是在工作生活中遇到突出问题,思想情绪不稳定的团员青年,着重加强心理疏导和跟踪帮扶,针对性地做好思想政治工作,提升团干部服务青年工作的专业化精准化水平,让"我为青年办实事"更有温度。

牢记嘱托·砥砺奋进

巧用四则运算　高质量开好专题组织生活会
——北京石油开展专题组织生活会经验做法

为全面学习贯彻党的二十大精神，推进青年精神素养提升工程走深走实，北京石油组织开展"学习二十大、永远跟党走、奋进新征程"青年精神素养提升专题组织生活会。组织每位团员青年对标习近平总书记在庆祝中国共产主义青年团成立100周年大会上重要讲话中对团员青年提出的"五个模范"要求，检视自身问题，深刻剖析原因，明确改进目标，提出整改措施。

一、做好理论学习"加法"，为前期准备夯基固本

始终坚持集中学习与自主学习相结合，通过"三会一课"、主题团日等组织认真学习习近平总书记在庆祝中国共青团成立100周年大会上重要讲话、习近平总书记视察胜利油田重要指示精神。各级团组织团员青年围绕"同先辈相比，我们身上多了什么？""同先辈相比，我们身上少了什么？""同新时代企业发展需要相比，我们还需要什么？"三个问题展开大讨论，并将优秀发言归纳整理，发至团员青年开展互相学习。

二、做好谈心谈话"减法"，为自我革命蓄能强劲

组织生活会前，要求各个团支部首先开展了支部委员之间，支部委员与团员之间，团员与团员之间的谈心谈话，大家开诚布公、

坦诚相待，减去思想包袱，就思想认识、学习收获、本职工作和生活作风等开展了深入交谈，坚决杜绝形式主义、弄虚作假、浮于表面，累计谈心谈话千余人次。通过谈心谈话，支部委员和团员之间诚恳交换意见建议、相互坦诚沟通，相互提醒、相互帮助、共同提高。根据谈心谈话中涉及的自身存在的问题和不足，大家认真思考和梳理发生原因和整改措施等。

三、做好相互批评"乘法"，为反躬自省助力增效

专题组织生活会上，团员青年紧扣主题，结合实际热烈开展批评和自我批评。自我批评开门见山、直奔主题，团员们深刻反省了理论学习不够深入、先锋作用发挥不到位、思想觉悟有待提高等各类问题，坚持把自己摆进去、把职责摆进去、把工作摆进去，见人见事见思想；相互批评坦诚相见、直截了当，团员们不遮掩问题，不回避矛盾，指出了工作态度、工作作风上的问题，也提到了发挥作用、示范引领的缺失，达到了"红脸出汗"、督促提升的效果。让真话、实话、心里话深深刻在每名团员青年的心上，推动专题组织生活会达到了"红脸出汗、辣味呛鼻"的热烈高潮。

四、做好整改落实"除法"，为高质量发展保驾护航

专题组织生活会后，为全力做好组织生活会"后半篇文章"，各团支部及时撰写组织生活会专题报告，用"担担子"的勇气和"钉钉子"的精神，研究制定整改清单和整改措施，并纳入明年工作计划，形成长效措施。对于可以马上解决的，立行立改，明确整改目标；对于需要长期整改的，制定持续改进的具体措施，明确完成时

北京石油大兴分公司第二团支部召开专题组织生活会

限。将"五个模范"高标准细化地落地到工作实际,分模块提升团员青年素质能力,向习近平总书记的期望不断迈进。

通过专题组织生活会的召开,开出了"有的放矢、凝聚奋进"的崭新气象,达到"触及灵魂"的效果,通过"掷地有声"的整改落实,进一步强化了团支部的组织力,明确了团支部下一步工作方向,促使全体团员对照"五个模范"标准,严格自我要求,不断奋楫前行,为公司高质量发展贡献青春力量!

推优入党

积分制工作法提高"推优入党"质量
——江苏油田开展"推优入党"工作经验做法

一、工作背景

"推优入党"是党赋予共青团组织的一项光荣任务。2020年,江苏油田从集团公司百余家团组织脱颖而出,成为集团公司16家"推优入党"试点单位之一。为加强规范"推优入党"工作,积极探索建立积分制工作法,通过建立积分标准、积分评议和积分运用体系,从源头上保证了青年党员素质,更好发挥了团组织育人功能,促进了团员青年立足本职岗位,发挥先锋模范作用,形成了创先争优的浓厚氛围。

二、主要做法

1. 科学设定积分规则

团员青年"推优入党"积分按照简单易行、严格定量的原则,采取"百分制"评价办法,主要由4项基础积分、1项奖励积分和一票否决项三部分构成,通过日常考评积分,对团员青年入党前表现进行全程考察、全息记录。其中,基础积分为80分,主要从政治思想、道德品行、发挥作用和遵规守纪上对团员青年的政治素质、入党动机、担当意识、奉献精神、遵章守纪等情况进行全面客观了解，每有一项履行不到位扣 1-5 分；奖励积分最高为 20 分，主要根据获得的院层面以上荣誉以及科技生产等奖项进行赋分；一票否决项对缺乏马克思主义信仰、散播不正当言论以及违法违纪违规的团员青年不列入"推优"对象。

2. 建立完善运行机制

统一制定团员青年"推优入党"积分管理记录表，并在日常运行中探索建立完善了积分评议制、申报制、审核制、公示制。其中，基本积分实行评议制，每季度团员青年对照积分表自我打分，提交给团支部后由团支部委员根据日常表现、评分细则以及与所在的党支部书记沟通对接结果进行评分登记；奖励积分首先由团员青年根据获奖、表彰等情况填写申报表，再由团支部核实后依据评分细则进行赋分；季度得分实行审核制，团支部将基本积分和奖励积分相加后，提交党委书记审核；最终得分实行公示制，将团员青年积分情况在一定范围内进行公示，接受监督，切实做到公平、公正、公开。

3. 加强积分结果应用

将积分结果作为能否"推优入党"的基本依据，每年对季度积分求取平均值，对于达到 90 分以上的积极向党组织推荐，并作为共青团表彰推荐人员；对于 85 至 90 分的列为重点培养对象，督促对照失分项制定整改措施，并持续抓好落实，整改完成后视情况推荐入党；对于 85 分以下的认定为不具备"推优入党"基本条件，不予出具推荐材料，并通过结对帮扶、谈心谈话等方式教育帮助。

2020年以来，3名优秀青年团员通过积分制"推优入党"，在全院新入党人员中占比43%，更好发挥人才的示范引领作用。

三、工作成效

积分制工作法通过积分管理、精确度量，打破了以往"推优入党"中的模糊评定，让团员青年之间的差距一目了然，有力提高了推荐对象的质量。

1. 提高了团员青年的积极性、创造性

以积分量化考核，大力激发了团员青年的内在活力，广大团员青年聚焦江苏油田页岩油钻井压裂、老区增产降本等重大工程，加强基础研究，加强现场驻井支撑力度，涌现了12名油田立功先进

江苏油田青年积极参与团课

个人、油田优秀团员青年等先进典型，为江苏油田二次创业贡献了更大青春智慧力量。

2. 提高了"推优入党"的透明度、权威度

评价考察团员青年时既有具体内容，又有定量标准，评价体系变得更加直观、合理、公平，增强了对"推优入党"对象评价的直观性、真实性和可操作性，让"推优入党"工作更加透明化、公平化、权威化。

3. 提高了团青组织的凝聚力、向心力

积分制工作法实施以来形成了比学赶超的浓厚氛围，广大团员青年积极向党组织靠拢，积极参加"三会两制一课"，青年大学习、青年论文交流、志愿服务等各类活动参与率提升至100%，有力引领青年提升思想认识、勇于担当作为。

"四步走"助力团组织推优入党

——第五建设公司开展"推优入党"工作经验做法

五建公司团委以培养石化事业合格建设者和接班人为根本任务，坚持为党育人、为企育才，扎实开展青年精神素养提升工程，持续在"推优入党"工作上下大功夫、苦功夫，取得了一定的成绩。近三年来，先后有12名青年通过团组织推优加入党组织。

一、主要做法

坚持政治标准优先，工作表现相结合，构建"四步走"工作模式，做好推优入党工作。

第一步：健全完善制度，解决好"保障"问题。2020年3月，结合企业实际，本着"符合程序、便于操作、提高效率"的原则，对《推优入党实施细则》（下称《细则》）进行了修订。新修订的《细则》由公司党委发文，由各基层党组织督办落实，内容清晰明确，程序精练，内容包括各级管理部门职责、推优入党条件及程序等5个方面的内容，对做好"推优入党"工作提供了支撑和保障。

第二步：加强沟通协调，解决好"名额"问题。由于入党名额限制、入党条件更为严格，地方分配的入党名额较为紧张，部分国有企业有"论资排辈"的现象，优秀青年加入党组织的难度逐年加大。为保证优秀青年顺利加入党组织，确保团组织作用的发挥，公司团委持续加强沟通协调，积极争取公司党委支持，力争在入党名额分配以及优秀青年推荐方面予以倾斜，保证团组织推优数量。经过反复沟通，公司党委决定每年特批名额至公司团委（近年来特批名额保持全年发展党员的 3% 左右），由公司团委按照"德才兼备、业绩突出"等原则统筹协调基层团组织"推优"人员，"名额"问题得到了有效解决。

第三步：加强基层管控，解决好"选人"问题。公司团委严格要求基层团组织按照程序、规则办事，不打亲情牌，不开人情道，本着实事求是的态度，切实将理想信念坚定、模范作用突出的青年，尤其是施工一线和关键岗位上的优秀团员青年推选出来，做到让青年信服，让组织放心，为后续推荐、争取名额打下良好基础。同时，各基层团组织根据所在单位青年实际，分别建立"推优入党"三年滚动计划表，将表现突出的团员青年纳入发展序列，既做到突出重点，又做到有序衔接，统筹发展，完善了后备人才的储备。

第四步：强化过程跟踪，解决好"长效"问题。推荐优秀青年至积极分子，并没有结束。在此过程中，公司团委持续做好跟踪工作，反复与所在单位党组织沟通，确保推荐的每一名青年都能够按时转正。在此过程中，对推荐的优秀青年进行全过程监督，及时听取思想汇报，坚决杜绝思想跑偏、影响团组织形象的情况发生。

二、主要体会

做好"推优入党"工作，通道畅通是保障。受入党名额减少的影响，入党难度逐年加大，当代青年对党组织大多抱着"可望不可及"的态度，长此以往，对加入党组织的兴趣就淡化了。在这样的背景下，团组织更应该加强与公司党委的沟通，争取支持，为优秀青年顺利加入党组织铺路架桥。

做好"推优入党"工作，基层组织是关键。受社会环境影响，个别优秀的青年，或因性格内敛，或因不善交际等被遗忘，干活不少，奉献不小，但入党、先进等事宜总是排不上。基层团组织是离青年最近的组织，对青年的所思所想、真实表现最为清楚，这就需要基层团干部用好推优入党载体，将"未受关注的优秀青年"推出来、亮起来、抬上来，绝不能让敢想敢干、敢抓善管、踏实肯干的

第五建设公司基层团支部召开团员大会，部署讨论青年推优工作

优秀青年遭排挤、受委屈。

做好"推优入党"工作，青年认可是目标。推优入党的对象是青年，推优入党的目的是帮助青年成长。各级团组织要在做好青年思想政治引导的基础上，扎实开展"推优入党"工作，不能为了推优而推优，更不能为了入党而入党。要保证"推优入党"工作的公正化、透明化，确保被推荐的青年令人信服，真正具备加入党组织的条件。

建"1234"体系　创"推优入党"品牌
——中安联合开展"推优入党"工作经验做法

中安联合按照"有特色、创品牌"的工作思路，积极探索建立了"1234"推优入党工作体系。近三年来，推荐的入党积极分子86人，占公司入党积极分子总数的88.58%，通过推优发展党员54名，占同期发展党员总数的74%。

一、"1234"推优体系

"1"是一个目标，即为党组织培养输送思想好、素质高的团员青年。"2"是两级联动，即实现"团组织培养推荐、党组织指导把关"两级联动。"3"是三个主动，即主动联系、帮助启发，主动关心、培养教育，主动帮助、考察发展。"4"是四个结合，即抓好"理论学习与素质锻炼、个人成长与企业发展、平台搭建与教育引导、选拔培养与择优推荐"四个结合。

二、创新工作方法，确保推优质量

1. 完善组织机制，实现党团联动

一是实现党团"推优入党"制度有效对接。公司团委印发了《中安联合团员推优入党工作细则》，明确了推优目标。公司党委制定了《中安联合推优入党方案》，并将"持续加大推优入党力度"工作纳入《党委年度工作要点》中，进一步规范推优程序，实现党团

制度上的有效衔接，确保"推优"工作运转顺畅。二是成立"推优入党"领导工作小组。成立以党委书记、副书记任正副组长，公司党委组织线条及公司团委相关人员为主要成员的"推优入党"领导工作小组，确保推优工作机制健全、程序规范、落实有力。三是建立党团"推优入党"联席会议机制。根据年度发展党员工作计划，召开"推优入党"工作联席会议，党组织听取团组织"推优入党"工作汇报，研究和制定发展青年党员工作计划，协调、部署"推优入党"工作，使党团两级联动落到实处，形成工作的合力。

2. 突出分类"选优"，广泛凝聚青年

一是抓源头，加强前端选拔。重点对新入职大学生开展宣传引导工作，在"五四"期间组织优秀团员青年集体向党组织递交入党申请书仪式，"七一"组织"我为什么要入党""学习铁人精神 激荡中安青春"专题"青 C 味"大讲堂，主动加强与他们的联系，培养他们对党的感情，启发他们入党的觉悟。二是建平台，加强过程选拔。深化"青"字号活动，持续推进"优才基金"，通过搭建平台，选拔推荐，让优秀的团员青年尽早进入组织发展的视野。三是拓渠道，探索属地推优。打破行业、身份、归属、体制等界限，探索协作单位青工"推优工作中安属地化"。经团组织推优，6 名优秀协作单位团员青年成为入党积极分子，其中 2 名已发展为党员。

3. 突出多维"育优"体系，全面培养青年

一是重理论育优。举办青工政治轮训、主题团课等，持续加强团员青年思想政治教育，引领团员青年坚定不移跟党走，为"推优

第二届中安联合青工技术难题攻关活动现场

入党"工作奠定坚实的思想基础。二是重实践育优,连续开展了三届"技术难题揭榜攻关"和两届"青年环保护卫队"等实践活动,引领团员青年在实践中成长成才。同时,通过晒出"实践课堂"综合表现成绩单,展示实践育优的成果。三是重引领育优。为23名递交入党申请书的育优对象选拔优秀青年党员结为"成长伙伴",帮助其不断提高思想政治素质和业务水平,通过"人盯人"培育方式,帮助每一名团员青年在正确的轨道上进步成长。

4. 突出创新"推优"机制,着力举荐青年

一是建立完善基层评议制度。由团支部组织群众代表对推优对象进行测评，通过身边人打分，力求全面、客观反映推荐对象的现实表现。二是建立规范公平的考核体系。每年组织一次"推优对象"答辩会，对推优对象从思想到实践进行全方位考量，力求提高"推优"的科学化水平。三是建立公开透明的督查机制。加强公司层面的监督指导，将"推优"工作纳入党群工作考核体系，每半年组织一次"推优"工作的督查，确保工作深入、有效开展。

近几年来，中安联合不断加强共青团推优入党工作，通过规范程序流程、科学考察评价、健全教育培养机制，使"推优入党"成为"为党育人"的生动载体、团员青年入党的必要环节和强化基层组织建设的有力举措。

师带徒

> **导师带徒夯基础　铺就青年成长路**
> ——齐鲁石化开展"师带徒"工作经验做法

齐鲁石化历来重视青年人才培养，把加强青年员工的教育培养作为长远发展的战略任务和基础工程，特别是2018年以来，随着新入职员工的逐年增多，确定了"一年出徒、两年立地、三年成才"工作目标，进一步加快推进了青年人才队伍建设。公司团委与人力资源部紧密配合，把导师带徒作为培养青年人才的主要抓手，按照精准培训工作要求，以2018年以来入职员工为主要培养对象，通过师徒结对的方式，持续提升青工岗位胜任能力。2022年至今，共组织签订第一培养层次导师带徒对子36对，各单位签订第二、第三培养层次导师带徒对子625对。

一、抓源头，注重师徒遴选

一是各单位按照分层分级分类分专业要求，为青年员工选配导师，形成专家库，并实行动态管理。在新员工入职伊始，为其配置具有良好职业道德、较高理论水平和丰富工作经验的专业技术和岗位操作两名导师，双向同步培训培养。二是组织师、徒、单位三方签订导师带徒培养协议，确定师徒关系，明确师傅在带思想、带技术、带作风等方面的职责，通过开展"我与师傅找差距"等活动，持续增强师徒双方的责任感和使命感。三是进一步延伸导师带徒工作内涵。推出"能师带高徒"培训模式，解决高层次、高技能人才储备不足的问题；联合公司关工委深化"成长导师"，邀请先辈讲授创业史、公司发展史，引导青年传承企业精神和优良传统，提升综合素质；组织青工在完成既定学习任务的同时，开展导师带徒安全专题培训，提升了青年本质安全能力水平；拓宽导师带徒渠道，选拔17名表现优异的2018年入职员工与2022年入职员工结成师徒，达到互帮互促、共同提高的目的。

二、强管理，提升指导力度

一是组织各单位结合月度岗检、季度考核等，定期督导协议履行情况，对导师带徒相关材料记录进行检查，将考核成绩与所在车间、导师、徒弟绩效挂钩，对成绩较差、未达到阶段性培养目标的青工进行重点帮扶，制定合理可行的学习计划。二是及时了解师徒的教、学情况，询问他们在工作开展过程中的困难，提升师徒积极性。三是每年年底，组织开展导师带徒"答辩考核月"，指导各单位召开考核答辩会，由厂领导、相关专家针对徒弟全年所学内容进行提问，以徒弟答辩情况进行等级评定。四是为加快新入职员工成长，制定了《新入职员工"一年出徒、两年立地、三年成才"考核标准》，从入职开始便为他们量身制定了成长规划和职业规划，使他们明确目标和奋斗方向，帮助他们尽快适应新环境，融入新生活。目前，公司已连续开展4次考核评定工作，2018—2021年入职员工通过率达到99%以上。考核评定结束后，对总体情况形成分析报告，根据考核结果制定"一人一策"提升措施。

三、搭平台，助力全面发展

一是以青年精神素养提升工程、青工政治轮训、青年大学习、"推优入党"等工作为抓手，强化青年思想政治教育和企业文化宣贯。2022年，通过推优入党的2018年以来入职员工55人，占公司发展党员人数的50%。二是开展青年大讲堂、青工小课堂、写作培训、新媒体培训等课程，进一步提高青工技能操作水平和问题诊断能力。三是以创新创效、技术攻关等为载体，开展青年绿色实验室、青年突击队、青年安全督查、青工技能对抗赛等工作，引导青年积极投

齐鲁石化以装置检修为契机开展导师带徒，邀请专家现场为青工授课

身到公司生产经营、改革发展、创新创效工作中。在CCUS工程建设过程中，第二化肥厂18名青年员工全程参与了项目设计、施工建设、机组调试试车等工作，并在运行期间勇挑大梁，承担重要任务。四是积极选拔优秀青工参加国家级、省级青年职业技能竞赛，其中，胜利炼油厂2019年入职员工杜宝龙、2020年入职员工刘成才荣获全国硫回收竞赛金牌；烯烃厂2019年入职员工路饶荣获全国行业职业技能竞赛乙烯装置操作工竞赛金奖；塑料厂2019年入职员工彭金嫒荣获全国行业职业技能竞赛聚乙烯装置操作工竞赛金奖。近年来，共有30名2018年以来入职员工进入了公司青年创新点子大赛决赛，其中6名青工获得一等奖。

以"师带徒"薪火相传
激活青年人才接续成长的"源头活水"

——燃料油公司开展"师带徒"工作经验做法

自 2017 年集团系统部署"师带徒"工作以来，燃料油公司团委持续推进"师带徒"工作，实现新入职大学生、35 周岁以下新转岗青年"师带徒"全覆盖。2022 年，公司将"师带徒"作为青年精神素养提升工程的重要内容，持续优化，为加快年轻干部和青年人才培养，打造一支"跟党走、勇作为、善学习、共成长"的青年队伍打下坚实基础。

一、激活"蓄水池"，把"师带徒"作为人才培养的重点工程

进一步压实人才培养责任。公司党委高度重视"师带徒"工作，党政主要领导带头为新员工讲授"入职第一课"，系好职业生涯"第一粒扣子"；各级党组织牵头抓总，提供坚强领导保障；业务线条结合实践，积极培养专业化人才；组织系统调度考察，树立鲜明选人用人导向；团青组织具体落实，构建融入日常培养模式；工会系统以赛促培，全面提升师徒素质能力；宣传系统强化舆论引导，积极营造创先争优浓厚氛围。通过党政工团齐抓共管、分工负责，持续打造源头培养、跟踪培养、全程培养的链条，做大青年人才基数，

构建人力资源"蓄水池"。

二、打造"试验田",把"师带徒"工作作为青年成长的重要手段

进一步细化人才培养规划。在落实集团公司"七有机制"的基础上,结合公司实际纳入导师带徒内容,构建以"招聘有测评、进厂有教育、入职有导师、节点有仪式、培训有内容、使用有导向、身边有榜样、年度有考核"为主要内容的"八有机制"。将"师带徒"纳入公司"三横三纵"人才培养体系中,建立完善知事识人体系。团青组织与党委组织部密切配合,不断完善"师带徒"培养运行机制,实施业务和思想"双导师"带徒,鼓励中层领导带徒和导师团队带徒,进一步提升工作成效。定期组织举办"师带徒"成果展示,为青年搭建舞台,为公司及时发现人才、推荐人才,打造人才培养"试验田"。

三、畅通"快车道",把"师带徒"作为事业赓续发展的重要平台

进一步优化人才培养方式。各级党组织书记从党管人才的高度,真正把"师带徒"作为人才强企工程的有效抓手。不断创新和丰富"师带徒"手段,采取师徒轮流上讲台、联手创新创效、风采展示、领题攻关等方式,不断加强思想淬炼、政治历练、实践锻炼、专业训练,积极打造会业务、能管理、懂党建的复合型人才。从业务实际和事业发展需要出发,不断创新定制化带徒方案:通过"老带新""一带一",用执行海外用油战略保障任务锻炼人;通过拓市场、压担

燃料油公司"师带徒"签约仪式

子,用天然气、海事综合服务等新业务培养人,通过强三基、讲案例,在安全环保、依法合规阵地上发现人。年轻员工通过"定制化"培养,在直面市场、独当一面中提升竞争意识、紧迫意识、危机意识,锻造了一支能吃苦、能战斗、冲得上、打得赢的攻坚团队,培养了一支爱岗敬业、年轻有为、具有燃料油特色的青年队伍,壮大了事业发展的人力支撑。

四、构建"强磁场",把"师带徒"工作作为打造拴心留人的重要措施

进一步强化人才关心关爱。坚持把"师带徒"作为拴心留人的重要举措。对刚毕业的大学生公司安排专人,一对一、老带新,传技能、帮生活、带思想,帮助迅速融入环境、进入角色,强化了思想上认同感、感情上归属感、工作上成就感。各级党团组织从政治上关心师徒、从工作上支持师徒、从生活上保障师徒，解除后顾之忧。强化从业教育，从严把好师傅关，遴选责任心强、经验丰富、富有正能量的人当师傅，在带专业的同时带文化、带精神，引导青年人形成良好职业操守和道德品质，为青年人走上更高岗位、掌控更大局面夯实基础。

近三年来，公司"师带徒"出徒的年轻学员，多人已走上重点业务关键岗位锻炼，其中3人已长期派驻海外重要岗位，4人获得集团、销售公司级各类技能竞赛奖项，14人获得公司突出贡献奖项"燃油奖"，公司新入职大学生流失率为零。青年员工在公司经营发展各线条充分发挥主力军作用，为公司建设世界领先船舶综合服务商和清洁能源供应商奉献青春力量。

抓"三强"提素质
"师带徒"激活公司发展"青"动力

——胜利石油工程开展"师带徒"工作经验做法

胜利石油工程公司认真贯彻落实集团公司人才会议精神，以加快打造一支忠诚企业、能力突出、作风优良的青年队伍为目标，不断拓展"师带徒"人才培养模式的深度和广度，充分发挥各类优秀专家人才"传、帮、带"作用，形成青蓝相继、薪火相传的生动局面，为公司高质量发展提供强力青年人才支撑。

一、强机制保障，在"打基础"上下功夫，努力营造青年成长成才"软环境"

重制度建设，提升"师带徒"工作保障力。 先后制定《关于深化"师带徒"工作的通知》《关于进一步加强"师带徒"工作的实施意见》，健全"师带徒"有目标、有职责、有计划、有实施、有检查、有考核、有奖惩的"七有机制"，逐项明确师徒选择、协议签订、运行检查、跟踪培训、有效考核、兑现奖励等各环节流程，真正实现了"师带徒"工作有章可循、科学有序。

重梯次配备，提升"师带徒"工作精准度。 坚持"管理分级、实施分层"原则，采取一带一、一带多、多带一的结对方式，精准实施"名师带高徒""优师带佳徒""良师带学徒"的分层次遴选导师，严把徒弟选拔条件和流程，实现高层次后备人才、骨干后备人才和新入职员工的分层分类结对，助推青年人才培养进入"快车道"。

重宣传发动，提升"师带徒"工作仪式感。组织开展"敬一杯拜师茶，传一句授业语、赠一本专业书"拜师仪式，定期举办师徒结对座谈会、成果发布会，充分利用公司网站、报纸、微信等媒体加强对师带徒工作的宣传，激发师徒教学热情，营造互帮互助、互促互进的浓厚氛围。

二、强运行管理，在"提素质"上下功夫，全力打造青年岗位"硬实力"

明"责"，细耕培养"责任田"。组织签订《师徒协议书》，细化师徒职责、目标、培养周期等内容，明确师徒权利义务，促进师徒责任共担、工作共进、共同成长。细化"师带徒"任务清单，根据徒弟性格特点、工作性质、工作条件量身制定目标明确、内容详尽、贴近实际、切实可行的培养方案，实行"滴灌培养"，提升带徒实效。

重"育"，用好培养"金钥匙"。突出实践育人，将"师带徒"工作融入日常、抓在现场，鼓励师徒共同参与现代化成果、合理化建议、技术论文征集、QC成果创新等活动，并通过技能大师下基层、网上答疑等方式，解决生产疑难，使"师带徒"工作真正成为师傅发挥专长、施展才能的平台和徒弟学习技能、解决生产问题的阵地。中石化技能大师张吉平在带徒过程中，总结提炼"四字箴言"和"四懂三会"培养方法，所带青工中有11人被聘为局级及以上技能大师。

严"管"，提高培养"标尺线"。强化培养过程管控，通过现场检查、座谈交流、学习成果验证等形式，定期监督培养计划执行进度和培养效果。师带徒协议期满后，对培养目标任务完成、徒弟业务素质能力提升等进行全面考核评估，评选优秀对子、优秀师傅、优秀徒弟，激励创先争优、齐头并进。

三、强平台搭建，在"创佳绩"上下功夫，着力增强青年服务公司发展"内动力"

筑"专业竞赛"平台，展"师带徒"成效。定期组织举办青工创新创效成果、青工安全环保、青工岗位大练兵、金钥匙等竞赛活动，鼓励师徒结对参赛、同台竞技，现场模拟实战展现"师徒"生产创效能力。财务系统 4 名青工师徒共同参加 2022 年中石化财金

胜利石油工程公司举办劳模先进事迹展演暨导师带徒活动

业务知识竞赛，荣获总决赛一等奖第一名。

建"攻关实践"平台，展"师带徒"硕果。坚持市场项目在哪里，"卡脖子"难题在哪里，"师带徒"活动就延伸到哪里，在攻关实践中培养提升项目运行、技术应用、突发情况预防处理和创新能力。紧盯页岩油开发难题，20余名专家带徒"领衔攻关"，集成推出深层、超深层钻完井等6项配套技术，攻克页岩油气井断裂涌漏等10项难题，屡创国家新纪录。

搭"典型选树"平台，展"师带徒"风采。注重发挥优秀师徒对子的典型示范作用，定期组织开展"阳光师徒"评选活动，表彰奖励优秀师徒，形成人人学先进、事事争一流的良好氛围。中国石化技能大师刘东章所带的青年徒弟中有36人在局级及以上各类竞赛中摘金夺银，他本人荣获全国五一劳动奖章，展现了师徒共提升的良好风貌。

各直属单位广泛搭建助力青年成长成才平台

第四篇
认识体会篇

> **端牢能源饭碗　勇当青春使者**
>
> 全国青年岗位能手、华东石油局包凯

自青年精神素养提升工程开展以来，华东石油局紧扣"一个主题"，以"623"工作模式为抓手，统筹抓好"四个阶段"各项工作，扎实推进青年精神素养提升工程走深走实。作为一名一线青年员工、一名基层团干部，我紧跟党组织脚步，在此次青年精神素养提升工程中，有所思，有所为，有所获。

一、在"立体式"学习平台上，更加牢记跟党奋斗初心

依托公司为我们打造的"线上＋线下"立体式学习平台，以及"华小东"（团员青年）对标提升清单等6项工作、《华东石油局青年精神素养提升工程团员青年学习成长手册》、《团青干部工作手册》等两本手册，将思想政治理论学习融入日常、抓在经常。通过参与党组织书记讲团课、"五四青年说"等活动，我更加坚定了为共产主义远大理想而奋斗的信念决心。

在观看《华东人的青春纪念册》，学习油气田老一辈石油人的奋斗故事后，我带领班站的团员青年一起开展"三个问题"大讨论，同时，针对少数青年"干劲不足"问题深入反思，开展"拒绝躺平"主题讨论，形成了"在急难险重任务最前沿站排头、当先锋、作表率，把精神素养提升成效转化为扎根岗位的实际行动，把青春融入

油气田事业发展中"的思想共识。

二、在"多元化"实践锻炼中,更加坚守能源报国丹心

我工作的重庆南川页岩气田是我国目前唯一实现商业开发的常压页岩气田。青年精神素养提升工程开展以来,我积极响应公司发布的《将青年精神素养提升工程融入油气田高质量发展新征程大潮》倡议书,组织我所在的煤层气采气班站团支部,广泛开展"喜迎党的二十大 青春建功在一线"主题团日、团青干部与承包商青年结对互助、"青工啄木鸟查隐患"等实践活动。组建青年突击队,开展"攻关在现场,科研在一线"——青年科技创新"攀峰行动",为顺利完成全年目标任务发挥了生力军作用。

通过查问题、想方法、解难题,我攻克了许多勘探开发过程中的环保难题,累计发表专业论文7篇,授权各类专利15项,参与编写企业标准4项,参研各类环保项目4项。同时,我所在页岩气绿色高效开发技术团队成功入选重庆市英才创新创业示范团队。

三、在"多层次"干事平台上,更加坚定接续奋斗恒心

工作八年来,我扎根在页岩气、煤层气勘探开发一线,2022年,我被评为"全国青年岗位能手",深受鼓舞的同时也深感责任重大。追随光、靠近光、成为光,也想以这束光照亮更多的青年。

2022年6月,在华东石油局"喜迎二十大 永远跟党走 奋进新征程"青年精神素养提升工程事迹报告会上,我分享了一路走来成长为页岩气绿色开发守护者的心路历程,激励了更多华东青年矢志不渝保障国家能源安全。

华东石油局包凯在煤层气采气平台进行气量调整，优化气井排采制度

"青年强，则国家强。当代中国青年生逢其时，施展才干的舞台无比广阔，实现梦想的前景无比光明。"作为新时代石油战线上的一名基层青年员工，我将继续以昂扬奋发的青春朝气、舍我其谁的青春锐气、坚毅果敢的青春力量，书写清洁能源绿色开发的新篇章。

告别"佛系、躺平"思想
做无愧于时代的石化好青年

全国青年岗位能手、九江石化 王旭强

2022年5月31日,集团公司党组书记、董事长马永生在集团公司党组学习贯彻习近平总书记在庆祝中国共产主义青年团成立100周年大会上重要讲话精神座谈会暨青年精神素养提升工程部署会上寄语广大石化青年;6月24日,九江石化分公司代表、总厂党委书记谢道雄出席公司青年精神素养提升工程部署会并讲话。新时代,石化青年施展才华的舞台无比广阔,生逢盛世当不负盛世、生逢其时当奋斗其时,我们正值青春如同一抹"朝阳",不能更不该有"佛系、躺平"思想,应当传承石油石化优良传统,努力成为党和国家事业发展、石化事业发展、企业高质量发展的"接续者""奋斗者""开拓者"。

一、坚定理想信念 学习是基础也是永恒

用党的科学理论武装头脑,真学深学才能在精神上"补钙""提神"。2022年10月26日,在公司党团组织的号召下,青年员工自发组织起来,提前等待在屏幕前,观看党的二十大开幕盛况,至今回想起来习近平总书记热情洋溢的讲话,依然精神振奋、干劲十足。

随着互联网计算机的发展，海量的信息铺天盖地，加之复杂的外部环境急剧变化，"躺平、佛系"思想在不断侵蚀当代青年，渐渐地便容易在安逸中放飞自我失去方向，坚定理想信念必是我们成长路上永恒的课题。只有强化终身学习的意识，深入学习党的科学理论、发展历史、方针政策，才能在任何情况下保持清醒的头脑，坚守正确的政治立场不动摇。

二、立足岗位建功 奋斗是磨炼也是成长

装置检修改造是公司重点工作之一，第一次参与装置检修的我成为青年突击队的一员，1000多次的盲板作业，我与队员一同冲锋在前，勇挑重担，统计好盲板位置、垫片型号和压力等级、扳手型号等信息，合理安排作业先后顺序，每天伴着启明星入睡，全力以赴保质、保量、保进度、保安全地完成任务。青年突击队是青年团队奋斗的象征，是凝聚力量的旗帜，是新时代青年在无数岗位上无私奉献的缩影。在九江石化，像我们这样的青年突击队还有17支，他们奋战在各条战线、各个岗位，为装置安稳长满优运行，为芳烃开工投产，为优化产品结构，为加快智能化提升和数字化转型……在奋斗中不断成长，在忙碌中彰显青春本色，在实战历练中增长本领、创造价值。

三、勇于自我革命 榜样是压力也是动力

在九江石化青年精神素养提升工程中，我既是一名老师，走上讲台分享自己一路走来的成长奋斗经历，又是一名学生，聆听先辈劳模感人至深的奋斗故事。于我而言，身为榜样是压力也是动力，

鞭策自己的同时鼓舞他人。

与先辈相比，我们身上多了机会，在机遇与挑战并存的时刻，我们更要迎难而上、攻坚克难，勇挑重任为企业发展赋予"青"能量。与先辈相比，我们身上少了敢于尝试的勇气和吃苦耐劳的精神，应当珍惜先辈创造的物质条件，珍惜来之不易的幸福生活，依靠勤劳的双手创造更加美好的未来。同新时代企业发展要求比，我们还需要苦练内功，努力成为本领域、本行业的行家里手，以真刀真枪的苦干实干成就一番事业。

非常荣幸，2022年9月我被授予第21届全国青年岗位能手。

九江石化王旭强在渣油加氢装置现场认真工作

在公司调度会上,分公司代表、总厂党委书记谢道雄颁发给我的证书显得格外厚重,它是光荣的接续,是精神的传承,更是重任的交接。作为公司广大青年员工学习的榜样,我定会将这份荣誉转化成前进动力,在本职岗位上履职尽责、刻苦钻研,将自己所学所会毫无保留地传授给更多的新员工,用朝气蓬勃、勇毅果敢的实际行动为助推企业高质量发展注入源源不断的动能。

坚定信念不负韶华
为中国石化天然气高质量大发展贡献力量

中国石化十大杰出青年岗位能手、天然气分公司 席海宏

习近平总书记在庆祝中国共青团成立100周年大会上寄语青年："新时代的中国青年要以实现中华民族伟大复兴为己任，不断增强做中国人的志气、骨气、底气，不负时代，不负韶华，不负党和人民的殷切期望！"中国已实现了从"站起来"到"富起来"的完美跨越，从"富起来"向"强起来"的精彩转型，需要青年人把个人的理想追求融入党和国家事业中，踔厉奋发、笃行不怠。

一、吾辈当自强，唯我少年郎

中国石化肩负保障国家能源安全的重任，贯彻落实习近平总书记视察胜利油田的重要指示精神，将能源的饭碗端在自己的手中，是每一位石化人的责任，更是石化青年人毕生的追求。集团公司高度重视青年人的发展，给青年人搭建广阔发展平台的同时，更是通过青年精神素养提升工程等一系列强有力措施，助推青年人快速成长成才。在国家能源消费革命和"双碳"战略目标大背景下，集团公司明确提出了"天然气高质量大发展"的宏伟目标，能够参与这一伟大事业中，倍感荣幸和光荣，唯有不忘初心，牢记党恩，为中国石化天然气高质量大发展做出贡献，才能不负青春。

天然气公司席海宏在实验室研究天然气气质

二、生而逢盛世,与企共成长

参加青年精神素养提升工程,我认识到,作为一名新时代的青年,要以"直挂云帆济沧海"的追求指引人生方向,牢固树立"为人民服务"的远大理想,深入学习贯彻习近平新时代中国特色社会主义思想和党的二十大精神,将工作放到公司发展的大局中思考,切实找准定位,发挥作用。要以"梅花香自苦寒来"的坚毅打牢人生根基,始终扎根本职岗位及专业,加强国内外市场研判,钻研市场营销技能,创新营销策略思路,真正在实践中练就本领、收获成长,快速成长为能够独当一面的青年人才。要以"不待扬鞭自奋蹄"的精神展现青年担当,时刻怀揣只争朝夕的紧迫感、舍我其谁的责任感，脚踏实地、勇于作为，主动承担各项急难险重任务，率先到企业最需要、最艰苦的岗位历练，尽快成为"有信念、有梦想、有奋斗、有奉献"的社会主义现代化青年。

三、青春当壮志，扬帆起新航

作为石油石化行业的青年代表，我先后被评为集团公司十大杰出青年岗位能手、闵恩泽青年科技人才、优秀共产党员、劳动模范，这每一项工作业绩和荣誉的获得，都离不开集团公司的广阔平台和组织的大力培养。当前，天然气分公司开启了高质量大发展的新征程，我将始终保持旺盛的精神风貌和饱满的工作热情，以"成功不必在我、成功必定有我"的勇气，继续在新的长征路上艰苦奋斗、开拓进取、攻坚克难，为实现天然气高质量大发展贡献力量。

牢记嘱托·砥砺奋进

青春正当时　青年需前行

中国石化十大杰出青年岗位能手、江西石油舒艳

青年精神素养提升工程是全面深化青年政治引领，提升青年精神素养的一项重要举措。2022年以来，集团公司、销售公司以及省市公司都在积极推进这项工作，作为青年站长，我多次参加了公司举办的青年干部骨干培训班、主题行动演讲比赛、服务技能竞赛比武等活动。从中我深切感受到了公司对青年成长的重视，也汲取了源源不断的知识，进一步锻炼了意志、砥砺了品格。青年人不仅是追梦者，更是圆梦人，应当敢于担当，勇往前行，在奋斗中成就自我、贡献企业。

一、树立更高的目标

"心有多大胆，地有多大产"，一个人取得的成就往往和最初设定的目标有最直接的关系。《延迟满足》这本书中提到，要树立更高的目标，敢于挣破习以为常的"舒适区"，通过不断学习，不断实践，实现自我升华。为此，我们要敢于突破现在取得的小小成绩，敢于打破自己设定的"完成就好"的"差不多先生"人设，学习做好日常工作需要的各种知识，多总结、多感悟、多反省、多积累，实现"差不多"到"好很多"的转变。通过设立更高的目标，用更多的付出，更及时的执行力，激励自己取得更好的成绩。

二、建立良好的习惯

良好的习惯包括学习、生活、工作习惯。深刻明白学习的重要性，养成每日学习的习惯，向书本学、向先进学、向同事学。带着本领恐慌的心态去学，学专业知识、学理论文化、学为人处事，让自己在原来的知识积累基础上有更大的提高。当然，学是为了更好地做。养成良好工作习惯的前提就是学习"今日事、今日毕"，将每日工作进行分解，并将待办事项进行销项处理，争取最大限度地发挥好"第25小时"的积极作用，而提高执行力最有效的方式就是"学思践悟、学做相成"。

江西石油舒艳用举手礼迎接顾客

三、磨炼担当的能力

60 多年前,"宁肯少活 20 年,拼命也要拿下大油田!"的铁人王进喜率领钻井队打出大庆的第一口油井,并在当时十分艰苦的条件下创造了年进尺 10 万米的纪录。在那种艰难的情况下,我们的前辈不喊苦、不喊累,坚决扛起企业生产的重担。作为新时代的我们,在同样的岗位上担当能力却变弱了,总是躺在属于自己的舒适圈内去谈未来,当一项工作难度突破自己的承受范围,就直接跌入"恐慌圈",手足无措,畏难逃避。但是作为新时代的青年,没有任何理由和借口去推脱和拒绝,要不断向前,持续学习,提高本领,提升能力。学会从不同的角度去思考问题,解决难题,切实提高会担当的能力,落实好习近平总书记提出的"能源的饭碗必须端在自己手里"的殷切希望。

青春正当时,青年需前行。在前行的道路上,我们要有明确的目标,有过硬的本领,有持之以恒、不懈奋斗的毅力,沿途不被浮华干扰,不被困难阻碍,追寻理想不断前行,不负韶华!

精神素养提升 科学素养提升的不竭动力

中国石化青年科技精英赛优胜选手、石科院王辉

2022年5月，集团公司启动了青年精神素养提升工程，对于每一位石化青年来说都是一次深刻的思想淬炼。作为一名青年科研工作者，这场精神洗礼是我未来科技创新工作的新起点，不断激励我用最饱满的热情去迎接每一个不期而遇的挑战。

一、对标先辈思想，体悟创新动力

在聆听汪燮卿院士等老一辈科研工作者讲述奋斗创业史的过程中，我感受到个人追求和时代发展相融合的魅力，领会到应当将"满足人民对美好生活的向往""实现中华民族伟大复兴的中国梦"作为创新动力来源。作为新时代的青年，同先辈比，我认为我们多了优越的物质生活条件，多了开放共享的信息，多了更多前人的工作积累和经验，却也少了艰苦奋斗的毅力，少了国家需要什么我们就做什么的豪情，少了对科研工作纯粹的热爱。现在，历史的接力棒交到了我们手中。在千帆竞发、百舸争流的新时代，作为中国石化科技创新领域的新生力量中的一员，我必将自己的理想信念融入保障国家能源安全、引领我国石化工业高质量发展、担当国家战略科技力量的实践当中，创造出属于石化科研青年的精彩篇章。

二、接受精神洗礼，汲取奋发斗志

在以青年精神素养提升工程为载体的实践中，我将精神素养的提升转化为推动科学素养不断提升的动力，扎根科技创新一线，敢想敢为，善作善成，与身边的青年一起建成了一支充满韧性、干劲十足、勇于担当的青年科研队伍。面对疫情多轮次冲击的艰难形势，我与团队内青年主动认领"急、难、重、新"任务，在一次次的挑战中不断锤炼自我，圆满完成2022年度科研攻关目标。探索过程中，每一次实验失败之后的激烈讨论、面对困难时每一句"让我上"的豪言壮语，都体现了石油精神、石化传统和科学家精神的传承。

石科院王辉参加中国石化第一届青年科技精英赛

三、立足岗位建功，勇担责任使命

2023年是全面贯彻党的二十大精神的开局之年，高质量发展将是未来一个阶段不变的主题，实现高水平科技自立自强更是每一位石化科研青年的责任使命。未来，我将以党的二十大精神为指引，不断从中汲取精神力量和前进动力，全力以赴、踔厉奋发、勇毅前行；继续扎根石化环保领域的最前端、最深处，始终坚持"绿水青山就是金山银山"的理念，勇于挑战"卡脖子"技术难题，全力进行原创性、引领性科技攻关，让自己的青春在为实现祖国"天更蓝、山更绿、水更清"的火热实践中绽放绚丽之花。

创新和奋斗是青年的底色。青年精神素养提升工程激励石化青年在前进道路上永不止步。作为青年科研工作者，我将牢记嘱托、砥砺奋进，持续做好精神素养和科研本领的双提升，在科技创新中发挥更大作用，为中国石化打造世界领先洁净能源化工公司再立新功、再创佳绩。

牢记嘱托·砥砺奋进

补足精神之"钙" 矢志科技报国
中国石化青年科技精英赛优胜选手、石勘院钱恪然

用信仰成就大写的人生，以青春激扬奋斗的豪情。青年精神素养提升工程实施以来，作为石油勘探开发研究院团委勘探团支部书记和一名青年科研人员，我努力学习着、感悟着、收获着，始终以习近平总书记关于共青团和青年工作的重要论述和习近平总书记视察胜利油田重要指示精神为引领，补精神之"钙"、把思想之"舵"、练过硬之"功"，以昂扬的斗志打好油气勘探进攻仗。

一、筑牢思想之"基"

习近平总书记指出，共青团从诞生之日起，就以党的旗帜为旗帜、以党的意志为意志、以党的使命为使命，把坚持党的领导深深融入血脉中。一年来，我组织勘探团支部构建红色青年学习体系，充分利用主题团日、青年大学习、青年讲堂、微团课等载体，强化红色思想引领，始终坚持为党育人的政治使命，引导团员青年积极"学理论""扛担子""习榜样"，在团员青年中形成带领学、自主学、研讨学的良好风气，自己也在学习中更加坚定了为党尽忠的理想信念和科技报国的人生追求。

二、弘扬石油之"魂"

石油石化传统、革命精神、科学家精神是青年人的"营养剂"。

在聆听科研先辈讲传统中,我深切感悟到他们胸怀"我为祖国献石油"的爱国情怀和奉献精神。在"三个问题"对标讨论中,我深刻查找自身和科研先辈比"少了什么""多了什么",使自己的精神世界得到洗礼、前进方向更加明确。通过学习提升我认识到,"到西北新区最需要的地方去,我责无旁贷!"虽然经常在沙漠里战风沙、抗寒冬、攻难题,但看着流下过汗水的顺北4号、8号等多条断裂的突破,感觉付出什么都是值得的。

石勘院钱恪然在页岩气井场检查高压管汇装置

三、燃烧青春之"火"

青年精神素养提升工程如同火把般点燃了青年们心中的青春之火,周围越来越多的青年主动奔赴西北、华北、四川生产一线,将课本上学习的知识实践化应用,将生产中遇到的问题科研化提升,以学促产、以产促研,更多的科研论文写在了生产的一线,转化为看得见摸得着的成果,助力多项油气勘探的重大突破。今年春节我与同事一起,在塔克拉玛干沙漠腹地度过,助力顺北首条重点次级断裂6号断裂的发现。看着工程传来的一份份捷报,我更加深刻领会到青年精神素养提升的真正意义。

习近平总书记强调"能源的饭碗必须端在自己手里",作为一名勘探战线的青年科研人员,我要持续提升精神素养,脚踏实地、踔厉奋发、勇毅前行,做有情怀、肯奉献、负责任、敢创新的石化青年,在保障国家能源安全、担当国家战略科技力量的奋斗实践中贡献青春智慧和力量。

以青春之我　建设青春之石化

中国石化青年科技精英赛优胜选手、上海院刘畅

一、薪火相传 精神永续

"同先辈比，我们身上少了什么"，这个问题常常萦绕在我耳边，任何一个民族，但凡历经历史沧桑的冲刷与腐蚀，还能立于世界民族之林，那么一定有强大的精神支撑。这不禁让我回想并思考，石化前辈从筚路蓝缕，到如今一系列技术达到世界领先，其间所凝练出的宝贵精神财富。

集团公司2022年5月启动青年精神素养提升工程，一系列的具体实施措施，为我们青年科技工作者提供了全方位、成体系、重实践的大思政课，补足青年精神之"钙"，推动人才茁壮成长。青工政治轮训、"青马工程"培训等培训，带我们聆听石化发展史和企业创业史，传承石油精神、弘扬石化传统，传承科学家精神，践行企业精神，以精神指引我们前行方向，在精神传承中增强政治素养。

二、崭露头角 锐意进取

"同先辈比，我们身上多了什么"，青年科技工作者在创新奋进之路上有前辈引路、有团队协作、有平台支撑，孕育创新的土壤更加肥沃，灌溉施肥也更加高效精准，创新活力不断涌现。

集团公司给我们青年科技工作者提供了广阔的成长平台和展示舞台。在 2021 年举办的第二届青年科技精英赛中，我有幸从上海院初赛中脱颖而出，被推荐参加分区赛角逐，并取得了化工和新材料组第一名的成绩。取得的成绩更加激发了我对科研的热情，促使进一步总结经验、实现自我突破。科研工作是一个厚积薄发的过程，每一组数据和每一个发现，背后都凝结着团队成员的无数汗水，装置搭建检修、数据分析推敲，很多"看不见"的功夫都在日常中重复。但在日复一日的实验中，难免会努力有余而思考不足，大赛给了我系统总结的机会。平日的研究结果如同一个个线索，备赛阶段则是将这些线索串联、梳理和提炼的过程。在与指导老师的深入讨论中，现有合成气转化体系的研究基础和即将踏入的 CO_2 转化领域的联结逐渐建立，我对未来的研究方向也更加清晰。这是我科研生涯一次难忘的经历和宝贵的财富，也将伴随我走好接下来的科研之路。

三、开拓创新 科技报国

习近平总书记在胜利油田考察调研时，强调了中国石化保障国家能源安全的责任使命。

同习近平总书记对新时代中国青年的期望和时代与企业发展要求比，我们还需要充实什么？面对"双碳"目标下的石化产业绿色转型，该如何应对挑战实现科技报国的梦想？有过担忧但不会迷茫，因为奋斗的路上我不是孤军奋战，我会珍惜宝贵的平台，在参与项目和大赛交流的经验中，在中国石化优秀青年创新基金

上海石油化工研究院刘畅开展日常实验研究工作

等经费的支持下,扎实相关项目研究基础,聚焦"绿氢"利用与CO_2转化新路线,积极拓展探索CO_2耦合转化技术开发,同时积极参与化工副产烯烃的高效利用研究。希望在中国石化成立四十周年之际,和广大石化青年一道,为公司高质量发展、谱写中国式现代化石化新篇章贡献青春力量。

征程万里阔　奋斗正当时

全国"青马"班国企班学员、石化机械公司孙野

青年精神素养提升工程启动以来，石化机械公司开展了一系列工作，通过参与其中我深刻认识到青年是整个社会力量中最积极、最有生机的力量，国家的希望在青年，民族的未来在青年，我们生逢盛世，重任在肩。

2022年我有幸参与了全国"青马工程"国企班培训，收获颇丰，自身政治素养得到了极大提高。我国已进入全面建设社会主义现代化国家的新发展阶段，我们所在的国有企业，是中国特色社会主义的重要物质基础和政治基础，服务于中华民族伟大复兴的战略全局，在向第二个百年奋斗目标进军的新征程中发挥着不可替代的作用。作为一名国企职工，应保持高度的责任感和强烈的时代感，全心全意投入工作中，为建设能源强国献出自己的一份力。

一、深入研讨，将石化精神落实到行动上

在青年精神素养提升工程中，我印象最深的是参与了公司组织开展的"三比三看"专题研讨会。各单位团员青年代表在会上各抒己见、畅所欲言，结合自身岗位实际，谈认识、谈不足、谈改进，形成目标任务清单。通过了解学习石油石化自力更生的创业故事，深入体会铁人精神、"三老四严"作风、"四个一样"标准、"五

条要求"等内涵,我感受到自己与先辈相比还有许多不足之处。征途漫漫,唯有奋斗。今天,历史的接力棒交到我们这代青年手上,我们要自觉用习近平新时代中国特色社会主义思想武装头脑,牢记习近平总书记的殷切期望,永葆"石油工人心向党"的红色基因,始终心系"国之大者",向"五个模范"标准看齐,争做有理想、敢担当、能吃苦、肯奋斗的新时代青年,拿出"敢教日月换新天"的万丈豪情,朝着梦想努力奋斗,将石油石化优良作风熔铸到血脉里、落实到行动上,不断在本职工作中勇攀高峰、再创佳绩。

二、学习精神,为强国建设贡献青春力量

参加青年精神素养提升工程,就是要在学习宣传贯彻党的二十

石化机械公司孙野加工高压管汇

大精神上用心、用情、用力。认真聆听报告，我深受鼓舞、倍感振奋。尤其是习近平总书记在报告中强调，要"加快建设制造强国"，并提出要坚持尊重劳动、尊重知识、尊重人才、尊重创造。作为中国石化下属石油装备研发制造服务企业的一员，我和同事们生产的产品，一次次打破新的行业记录，为国家能源发展做出了贡献。一个个标志性成果，彰显的是石化机械人以苦干实干践行习近平总书记重要指示精神的政治担当、行动自觉。作为一名一线产业工人，我坚信，有以习近平同志为核心的党中央坚强领导，中国式现代化道路必将越走越宽广，产业工人技能报国的舞台也会越来越宽广，制造强国的目标一定能实现。

征程万里阔，奋斗正当时。站在新的起跑线上，我们青年信心十足、力量十足，只要始终保持着"只争朝夕、不负韶华"的奋斗姿态，定能在实现中华民族伟大复兴的赛道上奋勇争先，跑出优异成绩，为"端好能源饭碗"贡献应有的青春智慧和力量！

心中有信仰　行动有力量
让奋斗成为青年的"时代标签"

中国石化"青马工程"培训示范班优秀学员、
新疆石油杨林峰

时代呼唤担当、青年勇担重任，作为一名基层工作的石化青年，我始终将思想淬炼与工作实践融合，把青年精神素质提升工程作为坚定信仰、提高素质、增强本领的落脚点，争做有理想、敢担当、能吃苦、肯奋斗的新时代好青年。

一、淬炼思想之魂，坚定接续奋斗的"青春信仰"

2021年6月，我参加了中国石化"青年马克思主义者培养工程"第一期培训学习；2022年12月，我参加了新疆石油青年素养提升工程学习汇报研讨班。在思想上持续深化对青年精神和青年岗位建功的认识，增强新时代青年的责任担当与使命。作为一名基层青年，我始终把学习成效融入工作各个环节中，坚持深入学习贯彻习近平总书记视察胜利油田重要指示精神，赓续伟大建党精神，以坚定的理想信念铸就忠诚，持续加强实践锻炼，在担当作为中提升精神素养。2022年面对新疆有史以来最严重的疫情，自身以当好员工后勤保障员和思想疏导员为工作主线，面对长期坚守岗位的员工，与他们视频谈心，了解并解决员工家中生活物资采购难、患病家属用药难等困难24件。部分高海拔站点气温骤降至零下几十度，积极协调各方购买保暖衣物送到站点。在疫情艰难时刻，协调办理疫情物资保供车辆通行证，驱车为各站点配送蔬菜及生活用品，保障员工在站内正常生活工作。同时，始终牢记"把服务做到客户心坎里"的理念，疫情期间主动询问了解客户的困难，把客户需要的药品和生活用品第一时间送到客户手中，以实际行动践行石化青年坚定理想信念的决心和信心。

二、激发奋进力量，涵养扎根基层的"青春担当"

青年成才在于基层实践锻炼，我以"苦干实干""三老四严"为荣，2022年我主动要求走出机关到偏远的巴州和静片区去磨炼自己，在一线岗位经受历练，奋斗锤炼本领，磨砺增长才干；始终扑下身子、沉到加油站现场与员工同住同劳动，切实将青年精神素养提升体现在青年岗位建功的实效上、体现在推动石化事业高质量发展上。面对复杂的市场形势，不断改进工作方法，创新工作思路，积极走访项目工程，开发客户12家促进油非增长。辖区三座站点位于独库公路旅游路线，旺季期间在旅游站点驻站帮扶1个月，以实际行动带动员工攻坚创效齐发力。面对长达4个月的疫情管控，针对客户用油道路受阻、非油商品无法送出等棘手问题，积极协调疫情巡控卡点，保障客户用油，得到客户一致好评。把百日竞赛活动作为自身工作的发力点，与员工一同参与标识粉刷、治破治旧等亮化美化工作，打造优质现场环境。

习近平总书记在党的二十大报告中强调，当代中国青年生逢其

常态化驻站帮扶期间高峰期,杨林峰为客户加油服务

时,施展才干的舞台无比广阔,实现梦想的前景无比光明。作为一名普通的石化青年,我将时刻牢记习近平总书记的嘱托,响应集团公司团委的号召,始终听党话、跟党走,怀抱梦想又脚踏实地,敢想敢为又善作善成,立志做有理想、敢担当、能吃苦、肯奋斗的新时代好青年,不断挥洒青春的汗水,为新疆石油建设中国石化一流销售企业持续贡献青春力量。

牢记嘱托·砥砺奋进

为助力乡村振兴注入石化青年力量

基层一线优秀青年代表　华北石油局李晔舟

为深入贯彻落实习近平总书记关于巩固拓展脱贫攻坚成果同乡村振兴有效衔接的重要讲话精神，进一步发挥青年志愿服务助力乡村振兴的作用，结合集团公司青年精神素养提升工程工作要求，公司选派我赴东乡县开展定点帮扶。时间紧任务重，抵达东乡县后，我牢记肩上担负的重大使命，以"开局就是决战、起步就是冲锋"的状态全身心投入帮扶工作。

一、为百姓育文化

在比耐雅劳保产品加工厂里，我看到戴着头巾的东乡族妇女都在做工装，休息间隙与她们交谈，一名大姐热情地告诉我在这里上班养活了一家老小，非常感谢中石化的帮助，让她们这些没上过学的村民都可以不出远门还能赚钱。经过深入交谈，大姐告诉我，有几个工友跟自己一样，没上过学，工厂干活都是按件计费，因为没有文化，有些字和数字写不了，只能用符号代替。听到这，我说："大姐，不忙的时候你就找我，我可以教你写字。"

为了教学方便，自己在网上买了便携式黑板和粉笔，现场为工友们"教学"，把他们日常用的生字、词语和数字教会成为自己那段时间的必修课。车间主任王师傅高兴地告诉我："晔舟同志，经过这段时间你的细心教导,我们车间生产效率都提高了,大家干活多了,工资自然也就比以前多了,你可给大家帮大忙了。"

二、为乡村美环境

布楞沟村位于东乡县高山乡北部干旱山区。曾经,走进布楞沟村,就像跌进山的海洋里,远近皆为山。"上去了一山又一山,大山里转了八十道弯;找了一年又一年,没找到一眼吃水泉……"这曲古老悠扬的"花儿",就是曾经布楞沟村的真实写照。吃水难、行路难、住房难……一度与布楞沟村如影随形。村内基础设施建设滞后,产业单一、贫困面大、贫困程度深、自我脱贫能力低,是东乡县最偏僻、居住最分散、经济发展最落后、生活条件最恶劣的地方。

为了改善当地乡村环境,我积极与县政府沟通,及时向公司汇报情况,推进东乡县布楞沟流域原来生态绿化项目,在布楞沟流域折红路沿线种植油松、云杉、侧柏等树种,进一步改善当地的生态环境,打造石化林,彰显中国石化定点帮扶东乡县布楞沟流域的生态效果。

三、为藜麦谋出路

每年十月是东乡县收割藜麦的季节,为进一步贴近一线群众,践行华北作风,我主动"请缨",到坪庄乡罗家村协助村民收割藜麦,深入农户家中了解藜麦种植对家庭状况的改善。第一次提镰刀干农活,不太得法,不小心在左腕上划了一道6公分的口子,所幸伤口不深,我自己进行了简单的包扎,继续干活。

听说当地村民因为藜麦销售犯了难,我积极协助村民搞宣传,通过媒体力量将藜麦宣传到广大市场。村长赵大叔看到一袋一袋的藜麦装上货车,数着货款,脸上露出幸福的笑容,还不忘称赞我道:"晔舟是个好小伙,你为乡亲们解决大问题了,我替乡亲们感谢你!"我连忙说:"赵大叔,这是我应该做的,看到大家有收获、能脱贫,我就高兴。"

182个日日夜夜,我入过农户、爬过沟壑、扛过藜麦、写过报告、

华北石油局李晔舟在东乡县锁南镇帮助村民收割、搬运藜麦

做过家访,尤其是当看到成员多病的家庭、衣衫褴褛的儿童时,作为一名青年志愿者的使命感油然而生。这段经历,让我体会到党中央对助力乡村振兴的坚定决心,东乡县能够全面脱贫,离不开党中央和习近平总书记的亲切关怀,是习近平新时代中国特色社会主义思想指引的结果;体会到集团公司党组在推动东乡高质量打赢脱贫攻坚战、助力乡村振兴中彰显了"大国重器"的责任担当。同时,我对东乡县的风土人情有了更深的了解,开阔了视野,增长了见识,丰富了阅历。"脚下粘有多少泥土,心中就沉淀多少真情",在青年精神素养提升的大潮中,我将始终不忘初心、砥砺前行、干在实处、勇立潮头,争做一名"立大志、明大德、成大才、担大任"的石化青年。

青春奋进向一线　淬炼成才立新功

基层一线优秀青年代表、国勘公司张田嵩

2022年5月，青年精神素养提升工程正式启动，身在北京的我有幸投身其中；而今天，我已作为海外新兵，驻守在西非国家喀麦隆——这个如果不是因为工作，可能一辈子都不会踏足的地方。回望这不平凡的一年，青年精神素养提升工程伴我成长，促我进步，为我踏上海外一线，献身中国石化海外油气事业筑牢了信仰之基，补足了精神之"钙"。

一、学习固本，感悟精神伟力

在集中学习和传统教育阶段，我聆听了公司党委书记、党支部书记讲团课、参加了"老海外讲海外"的主题团日，还参加了令我怀念至今的青工政治轮训。在轮训中，弘扬伟大建党精神的专题教学加深了我的理论素养；中国石化扶贫历程的讲授让我感悟到伟大脱贫攻坚精神；全员投入的长征主题的沙盘演练，让我沉浸式地体会到了一代代共产党员的精神伟力。通过不同形式、不同内容的学习，我越来越坚定地认识到，施展才干的舞台无比广阔，实现梦想的前景无比光明，但都需要以坚定的信念为根基，用不懈的奋斗去书写。

二、对标立志，誓担青春使命

在"双导师带徒""我与师傅找差距""三个问题"大讨论等活动中，我更加深入地了解海外前辈的青春和奋斗史。他们告诉我，作为中石化"一个合作"的排头兵，国勘公司的主战场和效益点都在海外，只有到"听得到炮火"的海外一线，磨炼意志，锻炼筋骨，才能扛起中国石化海外油气事业生力军的青春使命。一代代国勘人扎根海外、敢打敢拼、甘于寂寞、无悔奉献的精神深深地震撼着我，鼓舞着我，让我立下决心，主动请缨，到海外去，到最艰苦的非洲去，立志用奋进的青春，接下一代代人传递下来的接力棒，担负起作为石化人、国勘人的使命。

三、一线淬炼，立足岗位建功

来到喀麦隆，年轻的我遇到了太多困难，也经历了太多人生中的"第一次"。喀麦隆条件艰苦，疟疾和霍乱肆虐，离驻地不远的边境地区分裂恐怖主义活动不断。但国勘喀麦隆公司有先进的国际化管理体系，复杂的经营形式，宝贵的海上油气作业机会，实在是最好的"青年练兵场"。在这里，我第一次驻守海上平台，第一次参与处理了工会危机，第一次参与了雇佣机制调整，第一次参与了行业集体协议谈判，第一次到动乱地区走访调研。在这里的每一天，先辈和前辈的奋斗精神，传承不息的石油精神和石化传统时时激励着我，让我不再畏惧，勇敢面对挑战，成功解决了危机，化解了风险，保障了中国石化的合法权益。而我，也在一线淬炼中把经历变成了经验，把阅历变成了能力，在中外团队融合、项目经营管理中

国勘公司张田嵩快速融入海外团队

贡献出更大的力量。2023年年初，因为在国际传播工作中的成绩，我还获得了集团公司"宣传思想先进个人"的殊荣。

"人生万事须自为，跬步江山即寥廓。"我将以主人翁的姿态，主动担当，敢于作为，扎根海外，建功海外，用奋进的青春为公司高质量发展做出自己的贡献！

思想淬炼提素养　青春奋斗正当时

基层一线优秀青年代表、吉林石油 陈瑶

作为一名新时代青年，青年精神素养提升工程启动以来，通过学习党的二十大精神和习近平总书记关于共青团和青年工作的重要思想，思想上受到洗礼。在这个过程中我充分理解了青年精神素养提升工程的目的、意义和实质内涵，明白了青年人的使命担当，从思想上和行动上更加自觉地向党靠近，更好地在经济领域为党工作、为人民服务。

青年成长成才，离不开扎实的专业技能和深厚的精神素养。作为一名基层加气站站长，我以这次青年精神素养提升工程为新的起点，以理论知识指导实践工作，主动把责任扛在肩上，在学习和工作中不断鞭策自己，紧紧围绕安全生产、提质增效、数字化转型智能化发展等重点工作，立足本职工作，带领站内员工努力拓实增效，为企业的发展建言献策贡献力量。

我所在的加气站地处吉林省东部，冬季极寒天气多发。站内5名员工，平均年龄28岁，正值青春，也都是父母的心头肉、掌中宝。回想2022年年初，初为人父的我，遇上了来势汹汹的新冠感染疫情，作为一名外县站长、一名预备党员，我深知自己肩负重任，这个时候我必须得冲上去。顾不上家人和孩子，我毅然决然地带领站内员工投入这场与疫情的斗争中。寒风凛冽，滴水成冰，100余天的驻站值守，我们没有一丝退却，不畏严寒站好岗，精心操作、认真负责，确保生产安全稳定运行，为蛟河地区天然气保供做出贡献。每每想念妻女，就通过视频的方式看看家人，思及此，也是满心愧疚。

在青年精神素养提升工程实施中，广大员工也感触颇深，真正认识到"刀不磨要生锈，人不学要落后"，更感受到知识的匮乏、学习的迫切性和重要性，在空闲之余，大家一起谈工作、谈理想，互相鼓励、互相促进，认真总结工作中的不足。员工们的精神面貌

吉林石油吉林市分公司世纪路加气站站长陈瑶，在气温骤降至零下30摄氏度以下时仍坚守岗位

焕然一新，积极学习政治理论和业务知识，综合素质显著提高。员工积极投身开拓市场中，千方百计挖掘潜力客户，拓展市场，热情周到为客户服务，在经历因疫情停业3个月的特殊时期时，通过员工们的不懈努力，依然实现销量同比增长10%，薪酬增加20%的良好业绩，同时我也有幸获得集团公司青年岗位能手荣誉称号。

在今后的工作中，作为新时代的青年员工，我要从老一辈手中接过"三老四严、苦干实干"的时代接力棒，以党的二十大精神为指引，坚定理想信念，忠诚履职尽责，深刻感悟前辈艰苦创业无私奉献的奋斗精神和传承践行企业在长期奋斗中铸就的宝贵精神财富，在新征程上锋利践行"强企有我、强国有我"的使命担当。

提升精神素养　焕发奋进力量

基层一线优秀青年代表、石化出版公司魏金海

作为石化出版公司的一名青年，在公司团组织的带领下我参加了青年精神素养提升工程，在一次次活动中深刻地体会到组织的力量。

一、抓住青春的尾巴，拯救迷失的十年

虽然在大学就加入了中国共产党，但是毕业以来，我在私企工作了近十年的时间，很少有机会参加党团活动。2021年，我来到石化出版公司工作参加的各种党团活动，使我更好地感悟到石油石化行业的宝贵精神财富，唤醒了我的青春洋溢的激情，也让我意识到这十年的遗憾和缺失。

二、从工作到事业

在私企工作的时候，遇到困难和矛盾总想自己有更多的选择机会，实际上就算换一个岗位、换一份工作还是会遇到其他的问题。来到石化出版公司，通过参加青年精神素养提升工程，我深刻学习了石油精神石化传统，知道了什么是使命、什么是责任、什么是担当、什么是事业。在一次次的学习中，我提高了认识，升华了觉悟。

三、端正思想态度，提高思想认识

私企的同事也许会错误地认为我来到央企可以舒服一些、压力

可以小一些,但来了以后我切身的感受是自己从未如此痴迷于工作。我也一度思考,为什么会如此痴迷?慢慢地我悟到了,我想一定不是薪资奖励,一定不是丰盛的早餐、午餐,也不是为了完成业绩,也不是为了做做样子,更不是为了给领导交差,而是党委、团委组织的一系列教育实践活动,特别是青年精神素养提升工程激活了我心中的理想。这种状态是发自心底的不忘初心,享受与工作"谈恋爱"的幸福,使我做到了眼里有光、心中有火、胸中有爱。

石化出版公司魏金海以智能共享书柜助力乡村振兴

四、传承党的优良传统,做新时代有为青年

记得在加强传统教育过程中,参观石油化工科学研究院闵恩泽博物馆对我触动很深。闵先生说过:"把自己的一生跟国家建设和人民需要结合起来,这是我最大的幸福。"这是一种什么样的精神?是忘我和奉献?我想应该不仅如此,更是脚踏实地艰苦奋斗,更是严细实的工作作风,更是"三老四严""四个一样"优良传统。

习近平总书记在党的二十大报告中殷切寄语青年:"当代中国青年生逢其时,施展才干的舞台无比广阔,实现梦想的前景无比光明。"作为新时代石化青年,我必将不负总书记的殷切嘱托,保持谦虚谨慎、积极向上的工作作风,为集团公司建设具有强大战略支撑力、强大民生保障力、强大精神感召力的中国石化贡献力量,为党和人民再立新功、再创佳绩。

奋进啊！石化青年

第五篇 岗位建功篇

青年文明号

筑牢信仰之基　共创建功实效
——金陵石化开展青年文明号创建工作成效

青年精神素养提升工程实施以来,金陵石化精心谋划、有序推进,引领广大团员青年传承石油精神、弘扬石化传统,进一步激发了创新和奋斗精神。公司各级青年文明号紧紧围绕学习宣传贯彻党的二十大精神、安全生产、攻坚创效、青年成长、品牌建设、疫情防控、企地共建等主题大力开展青年文明号专项行动,不断推动青年精神素养提升工程成效转化为岗位建功实效。

一、聚焦思想引领,筑牢信仰之基

高度重视青年理想信念教育,积极开展青工政治轮训,组织广大团员青年认真学习贯彻习近平总书记在庆祝中国共产主义青年团成立100周年大会上的重要讲话精神等内容。公司各级青年文明号通过组织学习党的二十大精神宣讲、邀请党组织书记讲团课、团总支书记上讲台、学习"青年大学习"线上课程、参观公司历史陈列馆、瞻仰红色教育基地、重温入团誓词等教育实践,引导团员青年筑牢信仰之基。

二、完善创建机制，拓宽工作载体

坚持问题导向、目标导向、效果导向，总结梳理以往各级青年文明号创建工作开展情况，完善公司级青年文明号创建标准要求与管理办法，每年组织评审，全力打造"创先争优一流，安全服务功能一流、服务团队一流、服务品质一流"的青年阵地。公司各级青年文明号进一步健全本单位工作机制，拓宽工作载体，促进"号手岗队"青字号品牌工作联动开展，引领广大青年在"急难险重新"任务中担当奉献。将青年文明号活动与青年突击队相结合，把装置检修、隐患治理等作为重要内容，充分发挥青年生力军作用；与青年安全生产示范岗相结合，把安全监管、隐患排查等作为重点工作，确保青年安全素质全面提升；与青年志愿服务相结合，把学雷锋进社区便民服务、结对帮扶慰问困境青年等作为常态活动，弘扬志愿服务精神，1400余名青年投身40场抗疫志愿服务，为南京市打赢疫情防控阻击战、创建全国文明典范城市贡献青春力量。

三、融入中心工作，护航安全生产

围绕"安全生产万里行""安全生产月""百日安全行动"等活动，聚焦装置检修、隐患治理、环境整治、防暑降温、防冻防凝、疫情防控等工作，扎实开展"团员责任区""团员示范泵""青年安全卫士"等特色活动，形成多点开花的良好局面。青年直接参与检修施工环节进行安全监管，查摆制止违章操作，确保检修顺利进行；开展专项安全隐患排查，提升对关键系统、重点设备、要害部位的巡检质量和频次，保障装置安全运行；面对高温、暴雨、台风等极端天气，对装置现场出现的润滑不畅、排水堵塞、保温缺失等缺陷提前诊断，确保安全生产；在公司受疫情影响封闭管理期间，积极投身安全生产、疫情监测、后勤保障等工作，配合做好路线优化、健康码查验、物资配备、核酸检测等工作，用实际行动筑牢疫情防控青春堡垒。

四、对标先辈典型，助力青年成长

通过围绕马永生董事长入职第一课开展主题研讨、联合关工委开展"老少同声颂党恩、携手喜迎二十大"主题教育实践、邀请企业先辈讲授专题课程、举办"榜样在身边"交流分享会等形式，加强传统教育，扎实推进"三个问题"对标讨论，促进青年思想进步升华、作风务实过硬；全面深化"师带徒"工作，落实"思想+技能"双导师带徒机制，开展"我与师傅找差距"活动，引导团员青年对标对表，找准短板，努力提升能力素养；动员公司广大青年根据自身专业领域，积极参与公司第七届职工岗位技能竞赛，61人被授予公司青年岗位能手；开展青年英语风采大赛、"安全生产 青年当先"主题演讲比赛、"匠人匠心"青享会、消防技能竞赛、青年装置通竞赛等创新创效活动，广泛搭建青年技能提升平台，培养了一批职业道德好、业务技术高、岗位贡献突出的优秀青年，引导青年实现自身成长和企业发展双赢。

金陵石化始终坚持把青年文明号创建工作作为服务企业生产经营、服务青年成长成才的重要载体，团结带领青年立足岗位建功立

第五篇　岗位建功篇

金陵石化青年支援社区核酸检测工作

业，展现青年员工积极奉献、争创一流的精神风貌。下一步，将继续推进实施青年精神素养提升工程，把青年文明号创建融入现阶段重点推进的工作中，扎扎实实把集团公司党组做出的战略部署书写在公司高质量发展的新征程上。

> ## "三项融合"立足岗位建功
> ## "三个路径"提升精神素养
>
> ——上海石油开展青年文明号创建工作成效

上海石油坚持以习近平新时代中国特色社会主义思想为指引，认真贯彻党的二十大精神和习近平总书记关于共青团和青年工作的重要思想，扎实开展青年精神素养提升工程，以融入中心、服务大局为工作主线，深入推进青年文明号创建工作，以"三项融合"引导青年立足岗位建功，打通"三个路径"提升青年精神素养，切实强化青年思想引领、激励青年动能、服务青年成才，带领公司广大青年为公司高质量发展贡献青春力量。

一、与青年政治引领相融合，打通"常学常新"思想教育路径

始终坚持在坚定青年理想信念上下功夫，将青年思想政治教育、传承石油精神、弘扬石化传统、企业形势任务教育，融入青年文明号创建工作中，贯穿青年精神素养提升工程全过程。在思想引领上，建立线上线下联学联动机制，充分利用青年大学习、主题团课、青年讲师团、青年讲堂等载体，重点解读习近平总书记重要讲话精神、中国石化部署要求，引领青年夯实思想根基。在学习培训上，按照集理论性、思考性、趣味性于一体的教育理念，组织"建团百年铸

辉煌、主题行动创佳绩"系列活动，邀请公司老领导为团员青年上"石油精神石化传统"专题团课，开展"百年团史我来答"线上主题学习，"百年心向党，奋进新征程"读书分享，"行走的党课"红色寻访等主题团日活动，通过互动式、沉浸式、体验式学习，凝聚青年思想共识。

二、与企业中心工作相融合，打通"创新创优"实践行动路径

始终坚持在组织青年立足岗位建功上下功夫，找准围绕中心、服务大局的切入点、结合点、着力点，大力推动团青工作与中心工作深入融合，持续擦亮"青字号"品牌。在工作融合上，团员青年紧盯拓市增效、服务创优、严细管理、安全维稳等中心任务，把服务中心工作作为青年文明号创建工作的主要内容重点方向，化身为加油卡、非油商品的"推广员"，直播带货的"主播团"、公众开放日的"宣讲员"、中国品牌日石化场馆的"解说员"、扛相机做视频的"媒体人"，在攻坚创效中勇担当、展作为、当先锋，积极贡献青年智慧。疫情防控大战大考中，团员青年闻令而动、主动请缨，在库站一线涌现出能干能带的"年轻站长"、高效运转的民生商品"保供员"、驻扎油站3个月的"坚守者"等"90后""00后"青年员工，积极贡献青春力量。在创新驱动上，开展"立足岗位建新功"青年攻关活动，以问题为导向，凝练需求，采取揭榜挂帅、赛马机制等方式，形成9个攻坚课题立项，充分发挥青年创新创优创效能动性。围绕成品油销售行业特点和网络市场消费热点，举办

经信系统"燃青春 营未来"营销创新职业技能竞赛,青年选手通过营销创新策划案和商品模拟网络直播推荐现场比拼,充分展现青春风采。

三、与岗位能力提升相融合,打通"推才荐才"培养成长路径

始终坚持在构筑精准服务青年新矩阵上下功夫,以青年需求为导向,搭建平台、强化培养、树立典型,使青年文明号成为青年人

上海石油青年在集团公司第一加油站助力青年文明号建设

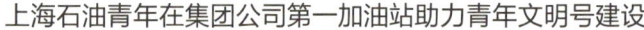

才培养阵地。在组织培养上，深入开展"师带徒"工作，遴选优秀管理、技能人才作为青年员工导师，签订师徒合同，明确培养目标与双向考核指标，形成"岗位自学、师徒结对、帮带技能"的长效工作机制，坚持团员教育与员工基本功训练有机结合，将在线培训、岗位练兵、导师带徒、应急演练等融入团员培训，不断提升青年员工专业技能。在推优荐才上，将优秀青年文明号号长及骨干成员纳入青年人才库和后备站长库，发掘先进、树立典型，培育"政治坚定、作风优良、技术过硬"的青工队伍，为企业青年人才队伍建设提供支持。

上海石油将继续巩固现有成果，全面优化提升，持续擦亮"青字号"品牌，号召引领青年立足岗位、服务中心、争先创优、建功立业，向着高质量发展的目标昂首迈进，为中国石化打造世界领先洁净能源化工公司贡献青春力量。

青年岗位能手

"青年啄木鸟"踊跃投身生产实践
——扬子石化开展青年岗位能手工作成效

自集团公司部署青年精神素养提升工程以来，扬子石化高度重视，召开青年精神素养提升工程部署会，紧紧围绕引领石化青年思想、精神、作风、工作全面提升目标，制定下发《扬子石化青年精神素养提升工程任务清单》，以"青春建功新扬子"行动为统揽，擦亮"青"字号品牌，以"号手岗队"工作为牵引，聚焦安全生产，全力推进"青年啄木鸟行动"，充分发挥青年生力军作用，推动青年精神素养提升成效转化为岗位建功实效。

一、坚持思想引领，始终用精神素养提升领航把向

青年精神素养提升工程启动，正处于扬子石化装置全面停车大修、从严从紧抓安全的关键时期，公司紧紧围绕中心工作，发挥"青"字号品牌工作作用，全力推动团青工作与生产经营深度融合，引领广大扬子青年担当奉献。结合全面大修，聚焦青年能力提升，依托"青安岗"开展青年大课堂112期，聚焦催化剂换剂、反应器列管排查等重点难点，开展青年突击队活动60余场，1300名青年志愿者投身疫情防控、重点攻坚，各级团组织聚焦"急难愁盼"，为

青年办实事83项,确保"四个阶段"各项任务贯穿始终,高质量、高标准对标对表完成。

二、锐意奋发进取,不断擦亮"青"字号品牌工作实效

为进一步突出实效,扬子石化紧扣青年精神素养提升工程立足岗位建功要求,紧贴现场实际,围绕青年精神素养提升目标创造性地开展工作。深入开展自2017年持续推动的青年问题、隐患查找与治理竞赛(简称青年啄木鸟行动),该项活动已成为扬子石化亮眼青年工作品牌,曾荣获南京市优秀志愿服务组织、集团公司精神文明建设优秀志愿服务项目等荣誉。竞赛以35周岁以下在岗青年在安全管理系统、CPMS系统及其他专业部门渠道提交的隐患清单为依据,分集体竞赛和个人竞赛两种模式进行,集体以团支部为单位,综合考虑一个季度内青年查找隐患的人均贡献度和隐患质量进行打分排名,评选优胜集体8家,青年安全卫士16名。在活动开展中,采取多种形式激发青年主动学习、积极参与热情,召开邀请本单位HSE管理室专家参与的技术交流会助力青年提升安全风险识别能力,举办现场隐患查找大课堂夯实青年巡检基本功,开展"送荣誉进岗位"积极营造向优秀典型学习的浓厚氛围,发布危化品防护、防冻防凝等线上青课堂,引导青年紧密结合石油石化生产特点关注重要装置、关键设备、特殊天气的安全生产工作,有效提高了青年员工们查找隐患的效率和效果,加强对安全隐患的认识,当好筑牢安全第一道防线排头兵。

三、注重成果导向，勇担打造世界领先的青春使命

青年精神素养提升工程启动以来，青年"啄木鸟"深入现场查找问题、隐患八千余条，参与人数较以往增加三百余人，参与率从 78% 增加至 88%，较大隐患的条数平均每季度增加 20%，青年自觉学习安全环保法规和技术，掌握安全环保技能，提高了作业区安全管理水平，增强了对装置"安稳长满优"运行的掌控能力，安全环保素养得到提升。青年用"啄木鸟"精神对待每一项工作，在现

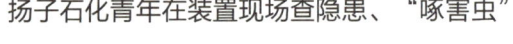

扬子石化青年在装置现场查隐患、"啄害虫"

场直接作业环节监护中，他们对安全带低挂高用、高空动火火花承接不到位、受限空间分析超时等违章实行"零容忍"，在中午、夜间、节假日安全监护中随处可见青年"啄木鸟"的身影。其中EVA装置丙班班长孙智杰在巡屏过程中，发现高压循环系统框架二层可燃气报警仪AT-04005数值出现异常，果断处置泄漏，消除了安全环保风险；烯烃厂乙二醇车间焦夕宸、汪超等青年员工履职尽责、严细认真，排查出T-410环氧乙烷产品精制塔部分管线设计压力偏低等隐患；芳烃厂硫黄回收装置康广玲等员工及时发现并处置酸水A罐管线焊缝泄漏，避免了硫化氢泄漏事故。"啄木鸟"还主动参与装置HAZOP分析、PSSR分析等技术工作，多人在集团公司、全国大型竞赛中获得优异成绩。广大扬子青年投身岗位建功，在安全生产各项工作"走在前，干在先"，助力企业筑牢安全防线，为扬子石化高质量发展注入强动力、新活力。

岗位能手树标杆　岗位建功争领先
——青岛炼化开展青年岗位能手工作成效

青岛炼化以青年岗位能手等"青"字号品牌创建为牵引，深入推进青年精神素养提升工程，重点围绕政治引领和安全生产、攻坚创效等企业中心工作，深度参与公司青年人才培养，引导助力青年员工立足岗位建功立业。

一、强化政治引领，铸牢青年培育之魂

一是强化思想引导，提升政治引领力。以学习贯彻党的二十大精神为主线，深入开展"青年大学习"和团内主题教育，通过青年讲师团线上线下宣讲等方式，引导青年把智慧和力量凝聚到落实党团组织各项部署安排上来。牵头举办首期中国石化驻青岛企业"青马工程"培训班，精心为来自11家驻青企业（机构）40余名青年骨干设计课程，安排赴延安沉浸式红色教育，以点带面强化青年政治引领。

二是加强文化培育，端正青年价值观。组织开展"文化引领，青春聚力"系列活动，组织线上读书分享、主题征文，开设"点赞青年榜样""党史青说"等微信专题，举办公司第三届青工综合素质大赛，弘扬石化传统，讲述身边故事，营造积极向上的文化氛围。在新员工政治轮训和"青马工程"培训班上嵌入"奋斗的青春最美

丽"分享会、"三个比一比"大讨论等活动，引导青年见贤思齐，系好职业生涯"第一粒扣子"。

二、助力技能提升，点亮青年培训之灯

一是协调资源配备，协助职业规划。协同培训主管部门在新员工"师带徒"全覆盖基础上，加强培训质量提升和重点人才培养。扎实开展"我与师傅找差距"活动，对标榜样薪火相传；基层单位均组建由党支部书记主抓的"导师带徒"培训团队，为入职三年内员工配备技能和技术"双导师"；公司层面遴选专家和技术能手组建"名师带徒"团队，与优秀青年人才签订师徒协议，提供专项指导。

二是倡导以赛促学，增强能力本领。聚焦公司转型发展方向和关键核心技术，联合有关部门先后举办青年科技创新大赛、"导师带徒"创新成果评比和"揭榜挂帅"项目评选等青年人唱主角的赛事，在青年中营造创新攻关氛围。在公司业务竞赛和技能比武中专项开展"最强青工"比武和"青年装置通"评选，符合条件的优秀选手被授予青年装置通和青年岗位能手等称号，有效激发了青年员工学本领的热情。

三、厚植成长土壤，铺就青年培养之路

一是健全青年岗位能手激励机制。完善公司《青年岗位能手评选表彰管理办法》，一方面通过嵌入公司大型竞赛比武择优产生，另一方面通过定期推荐和公司评审择优产生，促进了评选表彰的规范化，更好地发挥了日常激励和示范作用。同时，在"推优入党"、岗位竞聘、"名师带徒"培养等方面对青年岗位能手予以优先考虑；

向公司推荐以青年岗位能手命名 3 个创新工作室，增强青年岗位能手的获得感、荣誉感。

二是创新青年人才培养模式。 定向推荐青年岗位能手等优秀青年参加公司各类实践锻炼和挂职交流，帮助青年人才丰富阅历、提升综合素质。增设班组运行工程师、专业岗位主任工程师见习岗位，加长人才成长板凳，让优秀青年有更多机会参加进阶式培养锻炼，茁壮成长为公司中坚力量。

四、彰显青年担当，唱响岗位建功之歌

一是在生产经营中攻坚创效。 持续开展"创效攻坚，青年当先"活动，发挥好青年创新团队示范带动作用。其中曾获山东省国资委"青年五四奖章"的青年岗位能手简建超，作为公司优化创效团队负责人牵头研发的"炼油全流程优化技术"，获得集团公司科技进步二等奖，累计创效近 5 亿元。团队成员累计发表论文 50 余篇，获得专利 30 余项，在助力公司创效的同时，培养了一大批生产优化业务骨干。

二是在重点项目中创新攻关。 2022 年由青年员工主导或参与的创新创效、技术攻关项目 13 项，切实为安稳优生产解决实际问题。集团公司青年岗位能手刘春柳敢于在公司转型发展项目部挑大梁、当先锋，为公司加快推进高质量发展贡献青春力量；集团公司青年岗位能手窦凤杰作为科研开发副主任师，积极推进多项总部级科技开发项目，他牵头策划的青年科技创新大赛、五小成果评比等平台成为培育青年创新人才、孵化创新项目的沃土。

丽"分享会、"三个比一比"大讨论等活动，引导青年见贤思齐，系好职业生涯"第一粒扣子"。

二、助力技能提升，点亮青年培训之灯

一是协调资源配备，协助职业规划。协同培训主管部门在新员工"师带徒"全覆盖基础上，加强培训质量提升和重点人才培养。扎实开展"我与师傅找差距"活动，对标榜样薪火相传；基层单位均组建由党支部书记主抓的"导师带徒"培训团队，为入职三年内员工配备技能和技术"双导师"；公司层面遴选专家和技术能手组建"名师带徒"团队，与优秀青年人才签订师徒协议，提供专项指导。

二是倡导以赛促学，增强能力本领。聚焦公司转型发展方向和关键核心技术，联合有关部门先后举办青年科技创新大赛、"导师带徒"创新成果评比和"揭榜挂帅"项目评选等青年人唱主角的赛事，在青年中营造创新攻关氛围。在公司业务竞赛和技能比武中专项开展"最强青工"比武和"青年装置通"评选，符合条件的优秀选手被授予青年装置通和青年岗位能手等称号，有效激发了青年员工学本领的热情。

三、厚植成长土壤，铺就青年培养之路

一是健全青年岗位能手激励机制。完善公司《青年岗位能手评选表彰管理办法》，一方面通过嵌入公司大型竞赛比武择优产生，另一方面通过定期推荐和公司评审择优产生，促进了评选表彰的规范化，更好地发挥了日常激励和示范作用。同时，在"推优入党"、岗位竞聘、"名师带徒"培养等方面对青年岗位能手予以优先考虑；

向公司推荐以青年岗位能手命名 3 个创新工作室,增强青年岗位能手的获得感、荣誉感。

二是创新青年人才培养模式。 定向推荐青年岗位能手等优秀青年参加公司各类实践锻炼和挂职交流,帮助青年人才丰富阅历、提升综合素质。增设班组运行工程师、专业岗位主任工程师见习岗位,加长人才成长板凳,让优秀青年有更多机会参加进阶式培养锻炼,茁壮成长为公司中坚力量。

四、彰显青年担当,唱响岗位建功之歌

一是在生产经营中攻坚创效。 持续开展"创效攻坚,青年当先"活动,发挥好青年创新团队示范带动作用。其中曾获山东省国资委"青年五四奖章"的青年岗位能手简建超,作为公司优化创效团队负责人牵头研发的"炼油全流程优化技术",获得集团公司科技进步二等奖,累计创效近 5 亿元。团队成员累计发表论文 50 余篇,获得专利 30 余项,在助力公司创效的同时,培养了一大批生产优化业务骨干。

二是在重点项目中创新攻关。 2022 年由青年员工主导或参与的创新创效、技术攻关项目 13 项,切实为安稳优生产解决实际问题。集团公司青年岗位能手刘春柳敢于在公司转型发展项目部挑大梁、当先锋,为公司加快推进高质量发展贡献青春力量;集团公司青年岗位能手窦凤杰作为科研开发副主任师,积极推进多项总部级科技开发项目,他牵头策划的青年科技创新大赛、五小成果评比等平台成为培育青年创新人才、孵化创新项目的沃土。

青岛炼化举办公司第二届青年科技创新大赛

担当使命，勇毅前行。青岛炼化将深入推进青年精神素养提升工程，持续擦亮"青年岗位能手"等"青"字号品牌，引导广大青年学有榜样、岗位建功，为公司建设世界领先城市型炼化企业贡献青春智慧和力量。

牢记嘱托·砥砺奋进

青年安全生产示范岗

用青春践行誓言　用责任守护安全
——河南油田开展青年安全生产示范岗创建工作成效

安全生产，青年当先。河南油田以抓青年精神素养提升促青年安全生产示范岗创建，始终坚持"强安全从思想入手，强思想从安全出发"，团结带领广大青年员工自觉落实安全生产责任，积极投身安全生产实践，筑牢青年安全生产防线。在不断提升青年精神素养的同时，为坚决保障企业安全生产注入强大的青春动能。

一、强化青年理论武装，筑牢安全生产思想根基

以青年精神素养提升工程为抓手，通过线下集中学习、线上研讨交流相结合的方式，组织团员青年持续深入学习贯彻习近平总书记关于安全生产的重要论述和集团公司党组关于安全生产工作部署要求，精读细学安全生产法，真正让安全发展的理念在青年中入脑、入心、见行动。各级党组织书记结合本单位实际，围绕青年精神素养提升和安全生产等主题为团员青年讲授主题团课，激励青年员工在安全生产中发挥"哨兵"和"监督"作用，当好"安全吹哨人"。以"团干部上讲台"工作为载体，围绕安全生产法律法规、企业安全规章制度和安全形势任务教育等内容，坚持每月至少开展一次主题宣讲活动，让警钟长鸣于耳，让安全常驻于心。

二、强化青年责任担当，提高青年安全生产意识

通过开展"对标师傅找差距 提升素质强三基"大讨论，建立查思想、查管理、查技术的"三查整改清单"，使广大青年员工明确和师傅之间在安全意识、规范操作等方面存在的差距，激励广大青年员工主动担当作为，摒弃不良的作风和习惯，争做安全履责、克难攻坚、开拓创新的安全生产排头兵。通过常态化开展安全合理化建议征集、"辨风险、查隐患、反三违"、安全生产知识网络答题等活动，调动青年员工参与安全生产责任的主动性和自觉性，发动青年员工积极为企业安全生产建言献策。

2022年，累计征集青年安全合理化建议106条、"反三违"信息85条，提供安全隐患信息72条。结合安全生产月和"百日安全行动"，以安全思想教育和安全技能培训为主要内容，开展安全生产主题团日，引导青年员工牢固树立安全生产意识。

三、强化青年实践锻炼，提高青年安全生产技能

将创新创效导入青年安全生产示范岗的创建工作中，鼓励青年员工积极参与创新创效等技术攻关。以"导师带徒"工作为载体，通过师徒结对的方式开展立项攻关，从而打通安全生产与创新创效的"壁垒"。同时组织青年员工开展多层次、多渠道、多形式的安全岗位练兵、技术比武、安全应急演练等活动，不断提升青年员工安全生产技能。将"青安岗"创建与青年志愿服务有效联动，发挥"1+1>2"效应，与安全环保、生产技术等部门共同开展"安全生

河南油田青年骨干到生产一线开展安全隐患排查

产 青年当先"专项志愿服务活动,组织青年志愿者采取"四不两直"的方式深入生产一线开展安全隐患排查,累计排查发现安全隐患 50 余处,并组织志愿者在第一时间对发现的隐患进行整改。

四、强化青年典型选树,发挥榜样引领辐射作用

在青年精神素养提升工程推进过程中,以打造一批青年安全生产卫士为目标,坚持"一个典型就是一面旗帜,一批典型形成一个导向"的原则,持续开展"每月青年安全之星"评比活动,对当月

表现突出的"安全员"和铁面无私的"揭丑员"进行表彰，充分发挥青年典型示范引领作用，用身边人讲身边事，用身边事感染身边人，不断激发青年员工安全担当意识，营造勇于担当、善于担当的良好氛围。同时，将青安岗作为青年人才培养的"摇篮"，青年岗位建功的"舞台"，给青年人"压担子""铺路子"，充分调动青年员工的工作积极性，使他们早日成长为企业安全生产工作中不可或缺的中坚力量。

新征程新起点，新阶段新任务。河南油田将持续推进青年精神素养提升工程，不断深化青年安全生产示范岗创建工作，激励引导广大青年员工赓续光荣传统，构筑精神高地，在"安全生产管理提升年"行动中勇于担当，主动作为，用奋斗践行青春誓言，以奉献筑牢安全防线，为企业本质安全环保水平不断提升贡献青春力量。

以青春之名　担安全使命
——中韩石化开展青年安全生产示范岗创建工作成效

中韩（武汉）石化目前有已命名湖北省级青年安全生产示范岗1个、武汉市级9个，自2022年起，公司大力推进青年精神素养提升工程，结合《中国石化青年安全生产示范岗创建活动实施细则》要求，公司制定方案，向各基层团组织下发《关于开展中韩石化青年安全生产示范岗创建活动的通知》，开展以"安全生产 青年当先"为主题的青年安全生产示范岗创建活动，2022年全年共申报创建国家级青年安全生产示范岗1个、武汉市级1个、公司级9个，不断激励引导广大青年在安全生产主业主责中发挥生力军和突击队作用，持续把青年精神素养提升成效转化为岗位建功实效。

一、牢记嘱托，突出政治优势，用政治坚强引领"青安岗"创建

中韩石化青年安全生产示范岗创建工作以习近平总书记关于安全生产重要指示精神为指导，切实把习近平总书记重要讲话精神贯彻落实到青年安全生产示范岗创建工作全过程各领域。

强化思想引领。公司各级党组织大力支持，党委书记为参与"青安岗"创建的青年讲团课1次，要求把"青安岗"创建作为引领凝聚青年、组织动员青年的重要载体，把"青安岗"打造成为培养人

才的平台。各"青安岗"创建单位党支部书记讲团课9次,团支部开展"学习二十大、永远跟党走、奋进新征程"主题团课27次,做到本单位团员青年全覆盖,进一步坚定青年听党话、跟党走的政治信仰。

聚焦牢记嘱托。开展三期习近平总书记视察胜利油田重要指示精神学习心得展示,组织"青安岗"创建团支部青年结合岗位实际深入开展"我与先辈比奋斗"大讨论,254人参与、问题清单列项24个,引领青年牢记习近平总书记嘱托,向先辈优良品格对标看齐。

二、勤学苦练,凸显技能优秀,用意志顽强引领"青安岗"创建

为持续将"青安岗"创建活动做优做强,下发《关于开展中韩石化青年安全生产示范岗创建活动的通知》,提出了"月度有活动、季度有练兵、半年有总结、全年有主题"的具体要求,下发了考核细则,落实了经费保障,明确了从严治"岗"。

做实"规定动作"。各申报单位参加青工技术讲堂,邀请安全工程师讲解通用知识和各申报岗位的专业安全知识共18讲,全员参加网络主题安全课堂学习和答题竞赛,247名青工参加空呼佩戴、灭火器使用以及心肺复苏技能的培训,全员参加"五查五严"主题安全教育培训和"我为安全献一计"隐患排查劳动竞赛,96名青工进行安全技能比武。

做优"自选动作"。各申报单位结合本单位生产运行实际开展特色的"青安岗"创建活动,成立创建活动小组,创新推广"团员先锋泵"、开展应急演练、用好副班培训、试行"项目助理"、日常巡查"跟检""手指口述"训练等形式多样、效果出彩的"青安岗"创建活动。

做强"拓展动作"。依托"青春中韩石化"微信视频号，组织动漫视频制作培训，开展"学习二十大、永远跟党走、奋进新征程"主题安全动漫视频制作评比活动，制作动漫安全视频 21 个在视频号展播，将安全意识和安全技能可视化，把动漫安全视频作为学习载体，丰富青工的安全知识学习路径。

三、岗位建功，彰显业绩优良，用本领高强引领"青安岗"创建

公司青安岗创建初见成效，助力创建单位生产现场规范管理，

中韩石化青年在 2022 年公司"安康杯"安全技能竞赛比武现场参赛

截止到目前未发生安全责任事故和违规违纪违法行为。青工群体安全意识有强化、安全技能有提升，创建单位青工炼油一部王鸿卓在现场进行流程学习时发现压缩机本体裂痕避免事故发生、炼油二部李洋果断处理了一起硫化氢泄漏的重大安全隐患、烯烃部许晨杰巡检发现乙烯装置小冷箱突发低温乙烯泄漏并在白雾弥漫环境下精确处理避免爆炸事故。烯烃部青安岗被武汉团市委推荐申报全国青年安全生产示范岗。

牢记嘱托·砥砺奋进

青年突击队

> **弘扬青年突击队精神　唱响争先奋进主旋律**
> ——石油工程建设公司开展青年突击队工作成效

　　2022年实施青年精神素养提升工程以来，石油工程建设公司牢记保障国家能源安全崇高使命，坚定服务集团公司油气增储上产和重大项目建设光荣责任，聚焦东营原油库迁建工程、山东管网南干线工程、西北油气工区等重点项目，成立96个青年突击队，突击队成员4760余人，引导广大青年在项目"急、难、险、重、新"任务和"卡脖子"难题方面争先奋进，为314天内高质量、高标准建成投产东营原油库迁建工程、为推进中国石化"深地工程"顺北油气田基地建设等重点工程贡献了青春智慧和力量，先后刷新和创造了31项施工记录，获得52个发明专利和奖项，1个集体荣获集团公司优秀青年突击队，14个集体荣获石油工程建设公司级以上荣誉。

一、把青年突击队活动与"喜迎二十大、永远跟党走、奋进新征程"主题教育结合起来，引导青年知史爱党、忠心爱国、明理担当

　　组织各青年突击队比学习，争当学习标兵，重点围绕习近平总书记重要讲话和指示精神、党的十八大以来党和国家事业取得的历史性成就、发生的历史性变革和石油石化历史开展学习，交流心得体会，深入开展"三个问题"大讨论，解答和消除了青年的消极思想；组织下发《论党的青年工作》等学习书籍，开展征文评比活动，引导青年了解党的光辉历史、感悟团的初心使命。

二、把青年突击队活动与"工程进度、施工质量、安全环保、降本增效"结合起来，动员组织青年奋勇争先、岗位建功

一是聚焦工程进度当先锋。各青年突击队围绕项目工期计划，定下大节点、细化小节点，确保各关键环节无缝对接、项目高效运行。东营原油库突击队员们将工作按小时倒排，在48天内进行了225次汇报审查，完成2663张设计图纸，提前15天打下7182颗管桩、提前37天完成罐基础交安、提前11天完成罐主体安装，从可研批复到中交仅用287天，创造了"东营原油库速度"。**二是聚焦安全生产做示范**。各青年突击队严格落实集团总经理2号令，扎实开展青年安全示范岗创建、"五查五严"保安全等专项行动，发挥青年突击队队员安全监督作用，顺北工区突击队员坚持每周一次安全学习，做好事故预警分析，排解隐患，严厉杜绝"三违"等低、老、坏现象的发生，做到本质安全。**三是聚焦技术质量站排头**。各青年突击队严格落实质量责任制和责任追究制度，认真执行有关法律法规和规程建设强制性标准、规范。东营原油库突击队员围绕"三先""四高"要求，推行"六化"建设模式，提升标准化设计、工厂化预制、模块化施工水平，现场

施工人员减少30%、施工工效提升20%。**四是聚焦精细管理争一流**。各青年突击队持续深化对标一流行动，加强项目精细化管理，强化项目成本管控，提升项目创效能力。舟山海管项目突击队员集思广益攻坚破难，仔细研究胜利902船各个设备能力及位置，通过论证将锚机及托管架改造成吊点，降本减费，有效提升了项目效益。

石油工程建设公司东营原油库迁建工程BEPC项目部青年突击队员在现场进行技术支持

三、把青年突击队竞赛活动与"我为群众办实事"活动结合起来，强化青年志愿服务意识，提高青年的责任感和归属感

一是积极助力疫情防控。组织青年突击队成员加入疫情防控志愿服务活动，科学有序地参与疫情防控工作，保障重点项目疫情防控与生产"两不误"。**二是积极开展结对帮扶**。组织青年突击队队长与近三年新分配大学生结对子，破除传统"师带徒"之间年龄差距大、有代沟的因素，增进青年间的交流，助力青年成长成才，先后有4人被评为省部级青年岗位能手，12名青年在全国职业技能竞赛中获奖。**三是积极履行社会责任**。组织青年突击队成员利用工闲或特殊时期开展志愿服务活动，贵州丁山页岩气外输管道项目青年突击队员为当地38户饮用水严重缺乏村民送水百余次，鄂尔多斯项目青年突击队在库布齐沙漠参与植树1000余棵，覆盖面积2000平方米，展现了央企青年的责任担当。

> **弹好青年突击队建设工作"三部曲"**
> **奏响青春建功"最强音"**
> ——长岭炼化开展青年突击队工作成效

长岭炼化青年突击队，是飘扬在长炼检修工地上的一面鲜红的旗帜。历史上它是一支有着赫赫战功的钢铁之师，曾获得"全国新长征突击队"。如今，"突击精神"已作为长岭炼化公司的"六种精神"之一，注入每一名长炼青年的基因中，一届一届青年突击队员用实干唱响青春建功"最强音"。

一、强化思想引领，弹好服务青年"前奏曲"

抓实政治教育。以青年精神素养提升工程为统揽，组织开展主题团日活动、青年理论学习小组专题学习、形势任务教育等活动36场次，讲清突击任务的政治意义，讲清青年员工应有的担当作为，引导青年突击队伍挺膺担当。

抓牢队前教育。开展为期2-3天的队前教育，内容涵盖队史、队纪、安全教育等，邀请有关领导和老队员讲传统、讲纪律，安排检修安全负责人讲授安全常识，进行安全知识测验，开展座谈讨论，以增强队员的自豪感、责任感和纪律观念，帮助队员更快地进入角色。

检修第一天，召开庄重严肃的动员誓师大会，组织队员宣誓，突击队代表发言、展示小组团队形象。检修期间，有针对性地以优秀榜样为引领做好思想教育，鼓舞士气，化解压力，集聚正能量。

二、聚焦素质提升，弹好引领青年"协奏曲"

搭建"大学校"平台。 开设"UP青课堂"，外请专家，内请队员讲授设备原理、工艺流程等14堂生动的检修课程，营造浓厚学习争先氛围。组织突击队员至机电公司等检修单位学习电钳仪专业知识，观察机泵内部结构，提升专业素质。

打造"大熔炉"文化。 青年突击队每年会有意识地吸纳一些"后进"青年加入突击队，通过"三勤带一懒"的方式，对"后进"青年进行转化。适时组织"提个小建议""夸夸身边的她"交流座谈会，对队员及时正向引领。

构建"大家庭"氛围。 组织开展温馨小家评比、趣味运动会等活动，加速团队融合。特邀队员家人、同事摄制惊喜生日祝福视频，编印队刊《队旗下》，打造家文化，提升凝聚力。队伍制度上鼓励团结协作，使得"雷锋精神"在队内蔚然成风。

三、凝聚青年之力，弹好组织青年"主题曲"

开展"我为班组添彩"竞赛，激发突击队潜力。 竞赛围绕班组劳动进度、工作质量、队伍作风、劳动纪律、文明礼貌、团结协作、文体宣传等进行评比，对队员的劳动、生活、现场表现等方面进行量化评分。队部对班组进行考核，班组对个人进行考核。队部生产副队长负责考核记录，一天一考核，三天一讲评，并将结果公布上墙。每半个月进行一次小结，考核结果将作为评选"尖刀班"、优

牢记嘱托·砥砺奋进

长岭炼化青年突击队出征常压催化装置检修项目现场

秀突击队员的重要依据。劳动竞赛把个人的表现与全班的荣誉、与个人的利益紧紧挂起钩来,极大地调动了各班和队员的积极性。大家决心为班组争光、为队旗增辉,重活脏活抢着上、团结协作讲风格、遵章守纪不"犯规"在队里蔚然成风。

组织"我为队旗争辉"行动,彰显突击队实力。这支清一色"85后"青年人组成的队伍,在四十多天的检修时间里,先后发动了"七夜抢停工""鏖战排洪沟""赶卸催化剂""突击清铁路"等"四大战役",队员们克服条件艰苦、空间狭小等困难,运用自己的聪明才智,优质高效完成了连续7昼夜常压催化装置停工吹扫,装卸催化剂200余吨,清理工业垃圾500余吨,清理生产铁路2500米,清理排洪沟7000米的检修任务,受到了检修指挥部和公司各届职工群众的一致肯定。队员们用实际行动证明了新时代的长炼青年突击队依然是一支"钢刀不卷刃、红旗不褪色、次次打胜仗"的坚强战斗集体。

  青春的战歌始终高亢嘹亮。50多年的沧海桑田将长炼青年突击队打造成了长炼人心中青春建功的"最强音"。长炼青年突击队发扬"以苦为乐,以旗为荣,以队为家"的精神,坚持"为检修出力,为队旗增辉"的宗旨,战风雪,斗严寒,敢打敢拼,顽强奋战,用行动实践着自己的誓言。它是一支为企业建功、立业、育人的队伍,在劳动中铸就的"苦干、奉献、勤劳、磨炼"作风,被一代代长炼青年所发扬,激励着一批批优秀青年成长成才!

青年志愿服务

打造志愿服务品牌
为千万吨级油气田建设赋能聚力
——西北油田开展青年志愿服务工作成效

自中国石化青年精神素养提升工程启动以来，西北油田立足企业实际，将青年志愿服务工作与保障国家能源安全使命、加快千万吨级油气田建设以及青年精神素养提升工程各项任务安排有机结合，积极推动志愿服务工作规范化、常态化、品牌化，形成了分工明确、责任压实、运行科学的组织架构，培养了一支高素质、高水平、高质量的青年志愿者队伍，搭建了一个线上线下互补、内外优势结合的工作网络，打造了"捐资助学""爱心待发""沙漠健康快车"等多个特色鲜明的志愿服务品牌，构筑了上下联动、全面覆盖、服务多元的工作格局。

一、完善架构，运行规范，做实志愿服务体系

西北油田优化顶层设计，狠抓工作实效，修订完善《中国石化西北油田青年志愿者管理实施细则》，在15支青年志愿者分队基础上，跨单位跨部门横向成立了"朝阳、幸福、绿荫、微笑"四个爱心方程队，2128名青年志愿者在"志愿中国"平台注册，实现

了线上发布、线上接单、线下服务，构建了志愿服务"网格化"和"网上网下相互促进"的公益新格局，营造了"时时可志愿、人人可公益"的志愿服务氛围，确保志愿服务活动抓得紧、落得实、管得住。

二、抗疫保产，攻坚克难，做优志愿服务机制

新冠感染疫情暴发期间，西北油田313名青年志愿者在油田生产一线、科研生产园区以及53个生活小区提供志愿服务，服务涵盖勘探开发、安全生产、社区服务等多个方面。为了奋力夺取抗疫保产双胜利，青年志愿者们严阵以待、众志成城，奋力投身高质量勘探"三大攻坚战"，部署油田道路卡点交通运输、疫情防控等工作，用实际行动为油田安全生产保驾护航，克服了时间紧、任务重、疫情严等多重困难，助力顺北地区勘探开发一体化再获11口"千吨井"，有力支撑了油田增储上产进程。

社区志愿服务方面，建立起了"需求调研+志愿服务"的协调联动机制、"全员帮助+突出重点"的生活帮扶机制和"慰问关怀+心理咨询"的心理抚慰机制，针对114名空巢、独居老人进行电话访谈，对需要帮扶的43家老人一一探望，成立青年EAP小分队为广大职工提供家庭"云"咨询等心理疏导服务，累计服务时长超过40000小时，配送蔬果超过15万公斤，送快递超过10000件，人均每天步行20000步以上，将西北油田青年的朝气、锐气、正气转化为抗击疫情的组织力、引领力、服务力，帮助干部职工及家属疏解焦虑，解决一线职工后顾之忧，提振抗击疫情的信心和士气。

三、拓宽平台，服务大局，做亮志愿服务品牌

西北油田持续开展以"捐资助学""衣暖人心"为主要项目的"乡村振兴志愿服务"。"捐资助学"项目已累计募集爱心款113.5万元，捐助柯坪县、阳霞镇学生2314人次，"衣暖人心"项目已将15650余件西北油田和中国石化兄弟单位企业职工捐赠的爱心衣物送至柯坪县"爱心衣站"。

"爱心待发"是西北油田"社区青年志愿服务"系列品牌之一，致力于为油田公司年满60岁的离退休职工及家属提供理发服务，自2016年启动以来，该项目已超过2500人次参与捐赠，累计筹

西北油田在阳霞镇九年一贯制学校开展"捐资助学"活动

措资金 8 万余元，超 4000 人次享受了爱心理发服务。

为解决油田工区点多线长面广地偏的医疗救治难题，西北油田成立"沙漠健康快车"志愿医疗服务队，自 2015 年成立以来累计服务 20318 小时，开展急救及常见病预防培训 69 次，服务 5000 余人次，救治转送突发疾病、受伤人员 324 人，从死亡线上挽回 52 人生命，该项目于 2022 年获得第六届中国青年志愿服务项目大赛铜奖。

西北油田青年志愿服务工作既涵盖了助力油气勘探、安全生产等内容，也包含了履行社会责任、职工关爱服务等多个层面和多个角度，从更大的范围、更深的广度上传承了石油精神，弘扬了石化传统，诠释了"奉献、友爱、互助、进步"的志愿精神，团结带领各级团组织和广大团员青年牢记嘱托、不忘初心、砥砺奋进，为推进公司全面高质量发展、加快千万吨级油气田建设注入青春动能、凝聚青春合力。

牢记嘱托·砥砺奋进

传递青春正能量　弘扬时代新风气
——江苏石油开展青年志愿服务工作成效

去年以来,江苏石油紧紧围绕青年精神素养提升工程中关于开展志愿服务先锋行动要求,动员全省各级青年志愿服务组织和青年志愿者弘扬志愿精神,着眼社会需求,在乡村振兴、教育帮扶、生态环保、服务大型赛会等志愿服务活动中积极作为,奋力打造苏石青年靓丽名片。

一、坚持服务中心,志愿服务大局贡献度持续提升

1. 服务绿色生态发展

努力践行"奉献清洁能源、践行绿色发展""同饮长江水、共抓大保护"等环保理念,动员广大青年志愿者投身"绿色企业行动计划"。全省各级志愿服务组织常态化举办公众开放日,向社会大众宣传环保知识及中石化清洁能源爱跑98汽油,让顾客了解石化企业践行绿色发展的决心和毅力。公司青年志愿者通过"旧衣旧书换绿植 青春践行绿色""世界湿地日打卡"等志愿活动,进一步倡导低碳环保健康的生活方式。

2. 服务社会公共事业

以每年3月"学雷锋"志愿服务月活动为契机，开展"志愿服务进社区"，为附近居民提供修理小家电、量血压、宣传防诈骗知识等服务。常态化组织"垃圾分类科普""义务植树""护渔活水"等环保志愿活动，充分彰显苏石青年在美丽江苏建设中的责任担当。

3. 服务公司高质量发展

坚持将青年志愿服务与中心工作融合互促，结合公司业务要点，开展库站一线重点工作志愿帮扶。"加油站服务提升百日竞赛""治破治旧""易享节"等专项工作期间，青年志愿服务队积极融入企业生产经营一线，进库站、进班组，在经营创效工作中发挥了生力军作用。在安全生产月活动期间，组织青年志愿者开展"青查"行动，通过"安全隐患随手拍"，帮助油站查找安全漏洞，助力企业安全生产。

二、坚持立足民生需求，志愿服务社会影响力持续扩大

1. 五方挂钩，助力乡村振兴扛牢社会责任

近年来，认真贯彻落实集团公司关于乡村振兴工作部署和江苏省委省政府关于做好新时期五方挂钩工作要求，连续三年派驻村第一书记和青年志愿者赴睢宁县岚山镇开展乡村振兴帮促工作。组建青年志愿队，以"探寻江苏味道，易享美好生活"为主题，开启"易捷生鲜地图"直播活动，精选无锡阳山水蜜桃、淮安盱眙小龙虾等江苏地方特色产品，为农产品搭建线上销售平台，助力乡村振兴。

2. 星星点灯,推动教育帮扶事业走深走实

按照集团公司"十四五"助力乡村振兴计划的部署,与江西省井冈山市黄坳中心小学结对开展了"朝阳助学"教育帮扶行动,计划三年投资450万元,帮助革命老区发展教育事业。今年2月正式启动"星星点灯"志愿服务项目,发布了涵盖"希望之星、朝阳之星、勤学之星、启迪之星、闪耀之星"的"五星行动计划",包含帮助困难学生家庭、打造"春蕾加油站"、开设"石化小课堂"、捐赠书籍文教用品、开展夏令营活动等多项服务,帮助学生提高身

江苏石油志愿者在为黄坳中心小学六年级学生开设"石化小课堂"

体素质、提升精神素养。公司青年志愿服务队精心策划参观路线，邀请黄坳中心小学教师团队走进油库和新形象加能站，探秘绿色智慧能源。

3. 传递爱心，深化"金晖助老""牵手关爱"两项行动

聚焦"一老一小"困难群体实际需求，在全省范围内招募300余名青年志愿者，深入周边社区，结对帮扶200余名6-16岁困难儿童和300余名65岁以上不集中供养的留守、失独老人，常态化开展志愿服务。去年以来，"金晖助老"项目开展整理家务、亲情陪伴等"五个一"服务，"牵手关爱"项目开展学业辅导、安全自护、情感关怀等"5+X"服务，均取得了良好的社会效应。

三、坚持强化自身建设，志愿服务组织凝聚力持续增强

1. 健全组织建设

发挥公司团委牵动作用，全省14家地市公司、1家合资公司、41个县级公司建立青年志愿者组织，截至目前，全省共有青年志愿者5768人。在全省393个爱心驿站、524座司机之家同步设立青年志愿服务站，引导周边不同领域青年群体就近就便、灵活多样、常态长效开展志愿服务。

2. 优化管理路径

依托"志愿汇"APP和"青春江苏石油"微信公众号，建立志愿服务信息化矩阵，及时呈现全省青年志愿服务动态，形成涵盖青年志愿者宣传、志愿服务需求匹配、效果评估的闭环体系，有力推动青年志愿服务专业化、信息化建设。将志愿服务工作开展情况

纳入团组织书记述职评议和党建考核，促进志愿服务精准化发展。

3. 强化品牌创新

致力于打造具有江苏特色的志愿服务品牌，长期以"苏团团"活泼可爱形象面向社会大众。各地市公司结合所在城市特点，有针对性地设计志愿服务队名称和 logo，涌现出无锡"锡望梅好"、常州"常青藤"、扬州"小石榴"、镇江"青春镇好"等一批具有属地化特色的志愿服务品牌，展现城市独特魅力的同时，也映刻了苏石青年志愿者的靓丽身影。

青年创新创效

> **点燃创新激情　汇聚创效潜能　聚才引智促发展**
> ——高桥石化开展青年创新创效竞赛成效

为深入贯彻习近平总书记关于共青团和青年工作的重要论述，认真落实集团公司关于青年精神素养提升工程相关要求，进一步激发青年员工创效创效潜力，着力构建发现、培养、储备青年人才的广阔舞台，高桥石化连续两年举办青年创新创效竞赛。在青年创新创效推动岗位建功方面，通过"两搭建一凝聚"的务实举措，持续引领青年员工在实战历练中增长本领，切实将青年精神素养提升成效转化为岗位建功实际成果。2022年，公司青年创新项目"应用S-GROMS智能模型助力能源品质升级"在上海市产业青年创新大赛中荣获金奖。

一、搭建"大舞台"，青年人才出彩出位

创新创效竞赛坚持专业全覆盖、青年员工全参与，通过形式多样的赛程内容，搭建青年创新创效沟通平台。竞赛分为初赛、复赛、决赛三个阶段，以青年报名创新创效项目、头脑风暴、互访互学互评等方式为青年赋能。初赛阶段，通过开展"我为创新创效献一计"活动，青年们踊跃为企业安全生产、提质升级建言献策；通过青年"创新创效"竞赛项目申报，青年们在工作总结的基础上，进一步

激发思维，大胆提出实践思路。复赛阶段，以安环、工艺、设备、管理等专业小组为单位，组织互评会，并邀请小组所在领域的专家担任专业评委，为高质量开展评审工作提供有力支撑。决赛阶段，入围决赛的项目负责人以PPT路演和项目答辩的形式，在决赛"大舞台"上介绍项目立项背景、研究目标及进展情况，阐述在生产实践中的思考和探索，进一步展示青年的创新智慧。

二、搭建"分享群"，优秀做法复制粘贴

通过举办创新创效竞赛专题青年讲堂，积极推动青年创新创效资源共享、技能共促、创新共推、文化共融。邀请各专业部门专家对口指导基层参赛人员，聚焦项目创新点、创效点进行讨论交流，在激烈的"头脑风暴"中促进了能力的共同提升；由集团公司技能大师张华以"如何进行一场高质量的项目发布"为主题开展专题讲堂，对创新项目一一指导培训，帮助青年提升项目发布水平，以榜样的力量激发青年创新和奋斗精神。依托青年讲堂和互访互学，充分发挥青年技术骨干力量，开展多部门、跨装置联合培训交流，扩大参训范围、放大培训效果，以大培训实现大提升，以大提升促进青年成长成才。

三、凝聚"大合力"，青年综合素质逐步提升

通过创新创效竞赛的举办，青年员工以课题为中心，紧紧团结在一起，坚持群策群力，相互支持支撑，相互提醒建议，形成了强大合力，迸发出更多更好的创意，团队意识进一步激发，团队协作能力进一步增强。同时，通过创新创效课题的深入研究，青年们逐

步养成"多观察、多思考,大胆质疑、小心求证"的工作习惯,形成了更为成熟的价值观和方法论。很多青年也从默默工作的幕后奉献者,主动成为竞赛舞台上的激情展示者,语言表达能力和自身综合素质得到进一步提升。

高桥石化把高质量开展青年创新创效竞赛作为落实青年精神素养提升工程的有力抓手,通过搭建青年创新创效岗位建功平台,进一步加快青年人才培养,赋能青年,挖掘企业发展创新潜力,进一步凝聚人心、鼓舞士气、创造价值,用好用活创新创效这把"金钥匙",打通"青年创新"到"公司创效"最后一公里,有序推动青年精神素养提升工程走深走实,为公司"二次创业"提供人才保障和智力支撑。

高桥石化举办公司第二届青年创新创效竞赛

擒油龙伏气虎　亮青春展风采

——中原油田开展青工油气藏动态分析大赛成效

中原油田深入实施青年精神素养提升工程，以融入中心、服务大局为工作主线谋划工作，以培育特色品牌、激发团组织活力为目标重点施力，以点亮青春智慧、展示青年风采为主题搭建舞台，精心举办青工油水井分析大赛，激发广大团员青年创新和奋斗精神，全力推动团青工作与生产经营深度融合。截至目前，青工油水井分析大赛已连续举办 15 年，组织形式逐年创新，参与人员逐年增加，分析成果逐年增多，成为展示共青团品牌工作的重要窗口，为加快油田高质量发展汇聚了青春智慧力量。

一、形势作导航，紧贴油田发展要求

油气生产是主责主业，储量是"粮袋子"，产量是"钱袋子"。大赛紧紧抓住油田开发形势这个"牛鼻子"，以强烈的危机意识，不断调整分析理念，创新分析活动的内容。活动分析对象从最初的单井、井组开发现状分析，到目前限定的开发效果变差的油藏治理，从针对单一地层区块的治标之措，到放眼整个油田的治本之策，大赛的分析对象不断"升级"，促使广大青年敢于突破禁锢，制定实施切实可行的措施。油水井动态分析理念从最初单纯追求产量，到立足低成本开发，再到高效勘探、效益开发，从最初选手提出单纯

增产措施，到现在以"三线四区"油井经济评价法为标准，进行效益评价分析，无效益的措施不干，无效益的油不采，切实做到向高质量发展转变。大赛自 2008 年启动以来，累计分析评价单井 11 井次、井组 73 个、区块 261 个，解决问题 100 余项，油田开发状况得到有效改善，经济效益得到明显提升，累计增油 25.3 万吨，增加（恢复）水驱控制储量 4800 多万吨，增加（恢复）水驱动用储量 3400 多万吨，创效 6.8 亿元，为老油田开发生产提供了强有力保障。

二、专家点迷津，帮助青年答疑解惑

青年人才是推进油田事业发展的生力军和接班人。青工油水井分析大赛以青年专业技术人才培养"千人计划"为统揽，为广大地质青工施展青春才华、展示青春作为搭建了广阔舞台。针对"油田开发是复杂的系统工程，从地下到地面、从技术到管理、从生产到经营，地质条件不同，症结难题不一"的现实情况，大赛根据油田开发形势、青年专业特点，聘请地质研究、开发管理、工程管理、生产管理、企业管理等不同部门、领域的专家当评委，对选手提出的措施进行点评、对青年技术人员的认识误区进行指导。通过选手"思"、专家"辩"，从一线青工埋头创新到专家评委言传身教，技术的交流和研判，极大地提高了青年地质技术人员的成长效率。

三、两场定胜负，确保成绩公平公正

大赛的最终目的是释放老油藏的活力，服务油田开发生产。大

中原油田举办第 15 届青工油水井分析大赛

赛举办以来,前三届大赛均是"一年一赛",从第四届开始,比赛"一分为二",分为前期分析论证和后期效果评价两个阶段。第一阶段分析油藏开发现状、提出治理挖潜措施,引导参赛青工查问题、定措施、立目标;第二阶段评价措施实施效果、检验油藏改善状况,引导参赛青工讲实施、说效果、谈认识,通过"虚"的思路和"实"的效果对比,把分析赛场变成油田开发决策现场和总结会场,有效增强了竞赛实战性、公平性,切实提高了油田开发的水平。

青工油水井分析大赛从最初 19 名青工参赛,发展到现在每年上百名青年技术人员直接参与到油田、二级单位的比赛。通过 15 年不懈努力,大赛的吸引力、影响力、推动力逐步增强,引领了广大青年用发展的眼光、变化的思维,创造性地开展工作,不断用新知识和新技术提升自己,用新挑战和新实践磨砺自己,为油田实现更高质量、更有效益、更可持续的发展贡献青春力量。

后 记

青年精神素养提升工程启动以来,中国石化各级党组织积极推进,各级团青组织具体组织实施,取得了显著成效,广大石化青年在思想认识、业务能力、履职尽责、作风形象等方面都有较大提升,其间也形成了很多好的经验做法。编撰本书,既是为了固化工作经验,加强工作交流,供各级党组织、团青组织参考借鉴,为常态化抓好青年精神素养提升工作、进一步强化青年思想政治引领奠定基础,也是为了展示广大石化青年有理想、敢担当、能吃苦、肯奋斗的精神风貌。

本书的出版得到了有关直属单位的大力支持,在此表示衷心的感谢!由于篇幅所限,本书只收录了集团层面开展青年精神素养提升工程的部分重要资料、部分直属单位的经验做法和工作成效文章以及部分青年的认识体会文章。由于能力有限,书中难免有不完备之处,欢迎批评指正。